PROJET

DE

CODE NATIONAL ET INTERNATIONAL

DU COMMERCE ET DE L'INDUSTRIE,

Par M. POIREL,

ANCIEN PROCUREUR GÉNÉRAL A LA COUR DE NANCY,
PRÉSIDENT DE CHAMBRE A LA COUR D'AMIENS.

PARIS
CHEZ HINGRAY, LIBRAIRE-ÉDITEUR,
RUE DES MARAIS-SAINT-GERMAIN.

1855

hommage de l'auteur
à M.r Coutin
xbre 1855
Poirel

PROJET

DE

CODE NATIONAL ET INTERNATIONAL

Du Commerce et de l'Industrie.

PROJET

DE

CODE NATIONAL ET INTERNATIONAL

DU COMMERCE ET DE L'INDUSTRIE,

Par M. POIREL,

ANCIEN PROCUREUR GÉNÉRAL A LA COUR DE NANCY,
PRÉSIDENT DE CHAMBRE A LA COUR D'AMIENS.

« Le Code de commerce n'a pas produit les résultats
» qu'on devait en attendre ; une loi, pour être salutaire,
» doit pénétrer dans l'esprit des masses : il faut, pour
» qu'elle soit respectée, qu'elle arrive sans effort à l'in-
» telligence de ceux sur lesquels elle étend son empire.

» NOUGUIER. (*Traité de la lettre de change*).

« Sous le rapport de la jurisprudence, nous avons
» beaucoup à apprendre de la France, et elle pourrait
» aussi apprendre quelque chose de nous.

« Lord CAMPBELL, au banquet du Lord-Maire à la
députation de la Commission municipale de Paris.

PARIS
CHEZ HINGRAY, LIBRAIRE-ÉDITEUR
RUE DES MARAIS SAINT-GERMAIN.

1855

Publications antérieures de l'Auteur.

De la réorganisation de la magistrature et de la réforme des lois de compétence. — Septembre 1831.

Projet de réductions dans la magistrature. — Février 1833.

De la colonisation militaire, agricole et pénale (1) de l'Algérie. — 1837.

Lois organiques du gouvernement et de l'administration de la France. — 1845.

(In-8° de 558 pages, contenant par ordre de matières, l'ensemble de la législation en vigueur sur les principaux services publics, et pouvant être considéré comme avant-projet d'un code politique et administratif.)

De la réforme des prisons et de la déportation. — 1847.

Projets de code d'organisation judiciaire.

— de code pénal.

— de code d'instruction criminelle.

— et de décrets en forme de règlements d'administration publique, pour l'exécution de ces codes.

Imprimés en 1851, par ordre du Gouvernement Belge.

(1) Cet écrit avait pour objet de provoquer l'emploi à la colonisation de l'Algérie, par la voie de la *transportation*, d'une partie des condamnés, notamment de ceux qu'on peut considérer comme formant la partie moyenne et intermédiaire de la criminalité; j'ai aussi, dès 1832, publié, dans le même but, plusieurs brochures et articles de journaux. Les essais de colonisation pénale, réalisés depuis en Algérie, tout incomplets qu'ils aient été, permettraient de ne pas désespérer, même aujourd'hui, de l'emploi de ce moyen pratiqué sur une plus grande échelle.

Amiens. — Imprimerie de E. Yvert.

PRÉFACE

A tort ou à raison, j'ai toujours considéré comme un des premiers devoirs des magistrats et des jurisconsultes de chercher à introduire, dans les lois de leur pays, les améliorations dont l'expérience leur avait démontré le besoin ; et peut-être en pourrait-on trouver la consécration légale dans l'obligation imposée au premier corps judiciaire, par la loi organique du 27 ventose an 8, « d'envoyer tous les ans au gouvernement une députation, pour lui » indiquer les points sur lesquels l'expérience lui aurait fait » connaître les vices ou l'insuffisance de la législation. »

Appelé, en 1830, aux fonctions de premier avocat-général à la Cour de Nancy, je n'avais pas tardé à reconnaître, dans la magistrature, des vices d'organisation intérieure, dont la réduction du personnel et l'élévation des compétences me paraissaient être les remèdes les plus sûrs.

L'application de nos lois criminelles, qui occupe une si grande place dans l'exercice du ministère public, m'avait aussi bientôt révélé, dans l'instruction, dans la qualification des délits et des crimes, et surtout dans la nature et l'intensité des peines, des besoins de réformes dont l'importance et l'urgence avaient successivement grandi à mes yeux. Une étude persévérante de la déportation m'avait notamment fait penser, malgré des préjugés et des souvenirs fâcheux, que son introduction dans notre système pénal pourrait être d'un grand intérêt judiciaire et social.

A la suite de diverses publications destinées à la réhabiliter dans l'opinion, j'avais rédigé un projet de Code pénal où elle était substituée, non seulement aux travaux forcés mais aussi, dans un grand nombre de cas, à la réclusion. Sous le gouvernement du roi Louis-Philippe, l'adoption de ce projet avait, malgré un accueil bienveillant, rencontré d'insurmontables obstacles dans l'engouement exclusif dont le système cellulaire était alors l'objet.

Des idées contraires ayant, sous l'Assemblée constituante de 1848, inspiré plusieurs propositions qui avaient pour point de départ la déportation ou la transportation, j'adressai mon projet à cette assemblée, dont le comité de justice, auquel l'examen en fut renvoyé, voulut bien le transmettre à M. le Garde des Sceaux, avec invitation de le communiquer « à la Cour de cassation et aux Cours d'appel, comme pouvant servir de base » à une révision complète du Code pénal. » (*Moniteur* du 29 novembre 1848.)

Cette transmission n'eut cependant aucune suite; et quelque temps après, dans les derniers moments du ministère de M. Barrot, une atteinte portée à ma position judiciaire m'ayant appelé du parquet de la Cour de Nancy, que je dirigeais depuis 1848, à une présidence de chambre à la Cour d'Amiens, j'eus occasion d'y apprendre que, dans un pays voisin, en Belgique, le gouvernement s'occupait de la réforme de la législation criminelle. Je crus pouvoir lui offrir la communication de mon travail qui depuis s'était étendu à *l'instruction criminelle* et à *l'organisation judiciaire*. Cette offre fut acceptée; l'impression de mes trois projets de codes fut ordonnée, et le 27 mai 1851, le *Moniteur belge* annonçait « qu'ils avaient été distribués aux » divers corps judiciaires du royaume, aux facultés de droit » des universités, aux commissions chargées d'élaborer les » projets de révision de la législation criminelle, et à tous » jurisconsultes appelés, par leur position, à examiner les » questions relatives à cette matière. »

Parmi les améliorations qui s'y trouvaient explicitement formulées, trois des plus importantes : l'attribution aux juges d'instruction, de la main-levée de leurs mandats, l'abolition de la mort civile, et la déportation elle-même, ont, dans ces dernières années, été consacrées par notre législation, et sont aujourd'hui définitivement acquises à nos institutions criminelles, comme le sont, depuis 1838, à nos institutions civiles les élévations de compétence que je proposais dès 1831.

Le projet que je publie aujourd'hui, sous le titre de *Code national et international*, et dont je fais remettre deux exemplaires à chacun des gouvernements et des Etats représentés par leurs produits, à notre Exposition, sauf l'Angleterre à laquelle j'en destine un plus grand nombre, n'est donc pas mon premier essai dans ce genre ; et s'il pouvait être jugé digne de quelque accueil à l'étranger, il ne serait pas non plus le premier pour lequel j'aurais eu l'heureuse chance d'obtenir un semblable honneur.

Amiens, 27 Août 1855.

INTRODUCTION

« Au risque de passer pour ce que je suis, c'est-à-dire pour » un philosophe, disait M. Cousin, l'Europe, je le déclare, » me paraît être un seul et même peuple dont les différents » états sont des provinces, et l'humanité toute entière n'est » qu'une seule nation qui doit être régie par une seule loi, » celle de la morale et de la justice. »

Les philosophes, on peut bien le dire sans blesser personne, sont assez rares dans les rangs du commerce et des commerçants : c'est là cependant que le vœu d'une législation commune à tous les peuples a été le plus souvent exprimé et s'est le plus constamment reproduit. Il ne faut pas s'en étonner ; de toutes les situations sociales, le commerce est celle où le lien de la solidarité des intérêts se fait le plus vivement sentir : il est cosmopolite par son essence ; le monde entier est son domaine ; et la sécurité d'une telle expansion réclame un guide sûr qui puisse partout en protéger et en éclairer l'essor.

Ce sentiment instinctif se manifeste aujourd'hui surtout, en présence de tous ces phénomènes devant lesquels disparaissent les distances et les barrières qui séparent les peuples ; comme le libre-échange, le Zollverein, l'abaissement des tarifs, la rapidité imprimée par la vapeur à toutes les communications et tous les transports : comme les progrès de cette tendance tôt ou tard irrésistible, à l'uniformité des systèmes monétaire et métrique ; comme cet immense développement du crédit public et privé, au moyen duquel les papiers des diverses capitales et de toutes les grandes places de commerce, servent les unes aux autres, de moyens de paiement et de recouvrement : comme enfin les expositions universelles elles-mêmes, qui agissant ici avec le double caractère de cause et d'effet, ont encore donné une impulsion et une insistance nouvelles aux vœux d'une législation unitaire sur l'industrie et le commerce.

Le mot de *législation internationale* est presque constamment mêlé aux appréciations industrielles et techniques des publications inspirées, chaque jour, par l'exposition de Paris. A l'ouverture du Palais de Cristal, quoique l'Angleterre (ou peut être par cette raison même) soit de tous les états européens celui où ait le moins pénétré le bienfait de la codification, qui ne tardera probablement pas à prendre place dans le programme de la réforme administrative dont une nouvelle ligue vient d'arborer le drapeau, deux sociétés formées, même antérieurement à l'Exposition, l'une à Edimbourg et l'autre à Londres, en vue d'une législation internationale sur le commerce, s'adressèrent au gouvernement anglais et lui demandèrent son assistance et son concours dans l'accomplissement de leur mission. Une commission fut instituée pour l'examen de cette demande : mais peut-être est-il juste de dire qu'un congrès de commerçants et de jurisconsultes de tous les peuples, proposé comme moyen d'exécution par ces sociétés, n'était pas le plus propre à conduire au but. Un immense foyer de lumières aurait bien pu sans doute ainsi se former; mais eût-il été aussi facile d'en faire jaillir celle nécessaire pour servir de guide à tous? Ce congrès, d'ailleurs, ne pouvait être investi d'une autorité législative : et après l'épreuve si chanceuse de conférences diplomatiques, ses résolutions auraient encore eu à subir celle de l'examen et d'un vote particuliers, au sein de chacun des états qui s'y fussent fait représenter.

Par ces motifs ou par d'autres, l'avis de la commission paraît n'avoir pas été favorable : mais la persévérance britannique ne s'est pas lassée, et en présence de l'exposition nouvelle qui s'ouvrait au-delà de la Manche, la demande des sociétés anglaises, ou tout au moins de l'une d'elles, a été portée devant le gouvernement français, qui l'a renvoyée à la section de législation du Conseil d'Etat, où j'ai quelque lieu de croire qu'elle n'a pas rencontré une meilleure destinée.

La réalisation et l'avenir d'une idée juste en elle-même ne doivent cependant pas à jamais dépendre des objections que peut soulever un premier moyen d'exécution proposé : et la plus vulgaire expérience doit plutôt conduire à rechercher si l'on ne pourrait pas en trouver d'autres.

Et d'abord, il ne faudrait pas supposer qu'il y eût une bien grande diversité dans les législations commerciales des différents peuples. Les mêmes matières sans doute n'ont pas le même intérêt pour tous : tous n'ont pas la même situation et la même puissance industrielles : il y en a auxquels la navigation maritime et les contrats qu'elle fait naître sont entièrement étrangers. Il n'y a que certaines matières, comme celle de quelques *règles générales du commerce*, celles des *sociétés, de la commission, du transport par autre voie que celle de mer, des assurances sur ces transports, des billets de commerce, de la faillite, de la procédure* et de l'exercice des actions commerciales, et enfin celle de la *répression des atteintes* à la loyauté et à la sûreté du commerce, qui peuvent être d'un intérêt réellement universel. Mais, pour les unes et pour les autres, quel que soit leur degré d'application et d'étendue, les principes qui les régissent sont partout à peu près les mêmes. On peut aisément s'en convaincre en lisant, avec l'attention qu'il mérite, le savant travail de conférence publié par M. de Saint-Joseph. Il y a sans doute quelques différences, soit dans quelques formes des actes, soit dans quelques délais de l'exercice de certains droits ou de certaines actions ; mais, en dehors de ces points accessoires et réellement secondaires, et aussi abstraction faite de l'influence, non pas seulement des idiômes différents, mais aussi des différents modes de distribution et de rédaction générales de l'ensemble des lois, on peut hautement affirmer que toutes les législations commerciales roulent sur le même fonds de principes et d'idées.

Et ce ne sont pas des combinaisons arbitraires ou fortuites qui ont amené ce résultat : il est la conséquence, pour ainsi dire, forcée de la nature même des choses. Le droit commercial n'est pas, en effet, comme le droit civil et le droit criminel, soumis à l'empire, par exemple, des institutions politiques des peuples et de leurs tendances aristocratique ou démocratique ; il repose exclusivement, au contraire, sur des notions d'un ordre positif, comme celles de l'égalité dans les échanges, et de la fidélité dans les contrats, qui ne sauraient varier nulle part.

Une proposition aussi évidente par elle-même n'a pas besoin de développements ; je ne veux pas cependant la priver de l'appui que viennent lui prêter d'irréfragables autorités :

« Le droit commercial, dit M. Alauzet dans son excellent » traité des *Assurances*, est remarquable par son caractère » immuable, uniforme ; les besoins auxquels il doit satisfaire » ont toujours été et sont partout les mêmes, et il n'a pu que » difficilement refléter ou adopter les usages de chaque na- » tion, parce qu'il n'est pas dans sa nature d'être exclusive- » ment consacré à un seul peuple. Il doit régir et favoriser les » relations internationales nécessaires au développement du » négoce ; et destiné à tous, il n'a dû établir que des règles » que tous voudraient reconnaître. Le chef de ce peuple » romain si jaloux de son individualité, si fier d'avoir un » droit civil différent des autres peuples, n'hésitait pas à pro- » clamer une loi étrangère comme règle et comme souveraine » de la mer et des contrats maritimes ; *Ego quidem terræ domi-* » *nus, lex autem, maris : lege Rhodiâ, quæ de rebus nauticis* » *præscripta est, judicetur.* »

Blakstone avait déjà dit : « La loi des nations, » quand, il s'élève une question qui est proprement de son » ressort, est adoptée ici dans toute sa plénitude par la loi » commune, et est regardée comme faisant partie des lois du » pays... Aussi dans les questions qui s'élèvent à l'occasion » du commerce, comme par exemple pour les lettres de

» change, pour tout ce qui est relatif à leur négociation, pour » les avaries, les frais de relâche, les assurances, les prêts à » la grosse et autres matières de semblable nature, la loi » marchande, qui est une branche du droit des gens, se suit » constamment et régulièrement. Il n'y a pas d'autre règle » de décision que cette loi universelle déduite de l'usage et » des écrits des auteurs de toutes les nations et de toutes les » langues, généralement admis et approuvés. »

Et comme preuve de ces déclarations si formelles, M. Alauzet ajoute encore : « La fameuse ordonnance de Louis XIV » sur la marine, obtint en Angleterre une faveur toute parti- » culière, et y devint la règle des jugements pour toutes les » matières qu'elle avait traitées. »

Personne ne l'ignore d'ailleurs : avant d'arriver à la rédaction de cette ordonnance de 1681 sur la marine, dont la marine marchande fait partie, et de celle de 1673 sur le commerce, le grand ministre de Louis XIV avait fait procéder à une étude et à une exploration approfondies de tous les usages, les documents et les actes qui régissaient le commerce européen : et quand il s'est agi de notre Code actuel, l'Empereur, disait au Corps législatif, un des orateurs du gouvernement, « avait demandé que son action ne fût pas renfermée dans » les limites de la France, et que ses dispositions fussent, le » plus possible, mises en harmonie avec les autres législations » de l'Europe. »

Nous verrons tout à l'heure si cette sage prescription fut bien fidèlement observée; mais, quoiqu'il en soit, la généralité pour ainsi dire native et primordiale du droit commercial étant ainsi établie, le but si légitimement poursuivi par les sociétés d'Edimbourg et de Londres, ne pourrait-il pas être atteint plus facilement qu'on ne l'a pensé? Si les proportions du congrès proposé paraissent excessives, ne peut-on pas les réduire? Ne pourrait-il pas suffire d'appeler à s'y faire représenter les principaux états commerçants de l'Europe, comme l'Angleterre, la France, l'Autriche, la Hollande, en y ajoutant, ou sans y ajouter, le Piémont et l'Espagne ? Ne pourrait-il pas même suffire que l'Angleterre et la France, pour lesquelles le rêve de la cordiale entente s'est enfin si complètement réalisé, s'entendissent aussi pour réunir les principes et les formules du droit commercial dans un cadre, ou si l'on veut dans un code qui, par cela seul qu'il serait émané d'elles, et leur serait commun à l'une et à l'autre, aurait tant de chances de devenir bientôt un point de mire et de ralliement pour tous les peuples? Ne serait-ce pas là la première et la plus heureuse application de la pensée que lord Campbell, premier juge d'Angleterre, exprimait ainsi dans une occasion récente et solennelle : « J'espère que l'alliance entre la France et l'Angleterre sera » le commencement d'un rapprochement entre la jurisprudence des deux pays; car, sous ce rapport, nous avons beaucoup à apprendre de la France, et la France pourrait aussi » apprendre quelque chose de nous. »

Enfin, s'il fallait aller jusque-là, la France qui, si souvent, a donné l'impulsion en ce monde, ne pourrait-elle pas, à elle seule, prendre, en cette circonstance, une initiative qui semble d'ailleurs lui revenir par les habitudes et la puissance de codification dont elle a le renom? Cette tâche, si noble et si digne d'elle, ne se trouverait-elle pas même indirectement remplie, si la législation qui la régit elle-même sur le commerce pouvait avoir un degré de valeur et de perfection suffisant pour lui concilier l'assentiment et l'adhésion des autres peuples?

Un tel honneur ne serait pas nouveau pour elle; et même, il faut le reconnaître, il n'a pas été entièrement refusé à son Code de commerce. Dans quelques états, comme dans les provinces danubiennes et la Turquie, il a même été accepté sous la forme d'une reproduction et d'une traduction littérales; mais au sein de civilisations plus avancées, quoiqu'il ait pu servir encore, et qu'il ait réellement servi, ce n'a été cependant que dans des limites plus ou moins restreintes et avec des modifications qui, déjà, pourraient seules attester son insuffisance comme type de législation générale et internationale.

Mais il y a plus : son insuffisance, même comme législation nationale, n'est ni moins avérée, ni moins manifeste aux yeux de tous ceux qui ne se contentent pas de le parcourir et d'en feuilleter les pages, pour y chercher, avec l'insouciance d'une routine empirique, le texte applicable à la cause et à la question dont on peut être préoccupé ; et M. Nouguier était le fidèle interprète du jugement qu'ils en ont porté, quand il disait : « Notre Code de commerce n'a pas produit les résultats qu'on » en devait attendre. Une loi, pour être salutaire, doit pénétrer » dans l'esprit des masses ; il faut, pour qu'elle soit respectée, » qu'elle arrive sans effort à l'intelligence de ceux sur lesquels » elle exerce son empire. » Et sans reproduire ce que j'ai dit moi-même ailleurs, des nécessités et des exigences esthétiques et littéraires de la législation, il me suffira, pour faire sentir l'importance du reproche adressé par M. Nouguier au Code de commerce, de rappeler encore ici cet article de la loi du 24 août 1790, dans lequel l'Assemblée constituante disait : « Il sera » fait un code de lois simples et claires. »

La simplicité, la clarté, voilà, en effet, les deux conditions principales et capitales de toute législation, et ce sont les premières dont l'absence, au seul aspect de ce code, éclate à tous les yeux.

Quoique je ne croie nullement nécessaire de justifier d'avance la liberté avec laquelle je vais en parler, il me paraît cependant utile, pour dissiper quelques prestiges au nom desquels on pourrait être tenté de protester, de faire connaître deux des circonstances et des conditions préliminaires de sa confection, pour lesquelles je veux même laisser la parole et la responsabilité aux organes officiels les mieux autorisés.

La première, déjà constatée dans le rapport fait aux Consuls par M. Chaptal, chargé comme ministre de l'Intérieur de la préparation du projet, était ainsi exposée par M. Maret, dans la séance du Corps législatif du 8 septembre 1807:

« La commission instituée en l'an 9, ayant rempli sa » tâche, se regardait comme dissoute ; trois de ses membres,

» MM. Gorneau, Legras et Vital-Roux, jurisconsultes et né-
» gociants éclairés, pleins de zèle, mais surtout forts de leur
» dévouement à l'Empereur, sollicitant des ministres de Sa
» Majesté, la permission d'entreprendre à leurs frais la ré-
» vision du code, ces ministres les y autorisent; ils font
» plus, ils les y encouragent. Bientôt ils se livrent à ce
» nouveau travail, ils accroissent leurs lumières de celles
» de MM. Vignon et Boursier, de celles qu'ils trouvent dans
» les auteurs français, dans la législation des autres peuples
» de l'Europe, ils mettent ainsi Sa Majesté à même d'or-
» donner en l'an XI, l'impression du code révisé, lequel a
» servi de base aux méditations du ministre de l'Intérieur
» et aux délibérations du Conseil d'État. »

Quoique l'on puisse déjà regretter que des personnages d'un plus grand renom législatif ou judiciaire que MM. Gorneau, Legras, Vital-Roux, Boursier et Vignon, n'aient pas été appelés à mettre la dernière main à l'œuvre de cette commission dissoute, à ce qu'il paraît, avant le temps, voici quelque chose de plus regrettable encore :

« La plupart des dispositions du Code de commerce, di-
» sait dans son rapport M. Chaptal, sont extraites des or-
» donnance de 1673 et de 1681. On a même conservé l'ex-
» pression de ces lois, toutes les fois qu'elle a paru précise
» et non surannée.

» Vous reconnaîtrez dans ce livre, disait M. Maret lui-
» même, en présentant le livre du *commerce maritime*, l'es-
» prit et le plus souvent les termes de l'ordonnance de 1681.
» Devenue la législation maritime de l'Europe, elle n'a subi,
» dans notre projet, que quelques légers changements ; c'est
» donc, en quelque sorte, plutôt une rédaction nouvelle,
» qu'une loi nouvelle que nous vous apportons. »

En parlant de la même ordonnance, M. Begouen disait :
« Nous ne nous y sommes permis qu'un petit nombre de
» changements : nous ne vous en présentons pas moins notre
» projet avec une confiance qui nous est inspirée par notre
» admiration pour cette ordonnance. »

Le titre de *la lettre de change* était présenté par M. Duveyrier en ces termes : « les règles de la matière ont » été rassemblées avec soin, rédigées avec clarté et préci- » sion dans l'ordonnance de 1673 ; on pouvait même douter » de la nécessité d'une loi nouvelle... et l'on pourrait dire » de la plupart des dispositions de ce titre : c'est la doctrine, » c'est la sagesse de l'ordonnance, exprimées absolument dans » les mêmes termes. »

Ainsi donc, après tous les progrès qu'avaient fait la science et l'art de la législation, depuis Daguesseau et Lamoignon, jusqu'au Code civil lui-même, qui en est à la fois le produit et la preuve, des législateurs du 19me siècle n'avaient fait et voulu faire, de leur propre aveu, qu'une sorte d'édition nouvelle, à peine revue, et non augmentée, d'œuvres du 17me. Mais du moment qu'ils se renfermaient dans de semblables limites, c'était du moins pour eux un devoir plus impérieux encore, de donner à leur travail, sous le rapport de la forme, toute l'attention et la perfection dont il pouvait être susceptible ; je n'hésite pas cependant à dire qu'il eût été difficile d'en prendre moins de souci.

§.

Sainement appréciées, ou si l'on veut, exactement supputées et comptées, les matières qui en font l'objet ne sont pas très nombreuses ; et cependant, lorsque, pour le Code civil, dont on a dit avec raison qu'il n'était que l'appendice, et pour le classement des 2281 articles dont il se compose, il a suffi de trois livres et de 33 titres; les 648 articles du Code de commerce se trouvent disséminés dans quatre livres et trente-un titres que la révison de 1838 a réduits à vingt-neuf.

Si cette excessive multiplicité de livres et de titres pouvait n'être qu'une surcharge en quelque sorte matérielle, j'aurais bien pu la passer sous silence; mais il s'agit d'un intérêt, d'un ordre beaucoup plus relevé; c'est dans sa constitution logique, que l'œuvre est ainsi affectée : c'est l'absence du sentiment des rapports qui relient les idées et les choses, que trahit ce fractionnement si contraire au précepte du maître : *Tantùm series juncturaque pollet.*

Les quatre livres ont pour rubrique : *Du commerce en général, du commerce maritime, de la faillite, de la juridiction.* Est-ce que la faillite et la juridiction commerciale n'appartiennent pas aussi au *commerce en général ?* Et le *commerce maritime,* malgré l'emploi usuel de cette expression, est-ce qu'il constitue un genre de commerce particulier ? Est-ce que l'on commerce sur mer? Est-ce que la mer est un marché où l'on vende et l'on achète, et non pas seulement une voie de transport des marchandises, comme une route, un chemin de fer ou un canal ?

Toutes les rubriques dont on a fait, dans ce livre, autant de titres différents, des *navires*, du *capitaine,* des *matelots*, des *charte-parties,* du *connaissement*, du *fret*, du *jet de marchandises à la mer,* des *avaries,* des *fins de non-recevoir,* des *prescriptions,* qu'expriment-elles autre chose que les éléments ou les incidents divers qui concourent à la formation et à l'exécution du contrat unique des *transports par mer ?* Les assurances maritimes elles-mêmes ne forment nullement un contrat d'un genre particulier, mais seulement une espèce dans un genre de contrat qui en contient encore plusieurs autres, comme celles sur les *transports par terre*, *contre l'incendie,* etc.

Le livre 3, réduit de 5 à 3 titres, par la révision de 1838, compte cependant encore aujourd'hui 11 chapitres et 13 sections; et avec 33 articles, on a fait un quatrième livre qui, sur 4 titres, en contient deux, composés chacun de 3 articles seulement, quoique l'un et l'autre aient également pour rubrique *de la procédure,* etc.

Dans le premier livre, le titre 4, faussement intitulé *des séparations de biens,* n'a réellement pour objet, comme je le ferai voir tout à l'heure, que la publicité des contrats de mariage des commerçants, et cette publicité elle-même n'a d'autre caractère que celui d'une obligation personnelle, particulière aux négociants. Il en est de même de leurs *livres*, qui font l'objet du titre 2. Les matières de ces deux titres auraient donc pu très bien se rattacher au titre 1er, intitulé *des commerçants*, pour y former seulement l'objet d'un paragraphe ou d'une section : mais on ne s'est pas contenté d'en faire deux titres ; on les a encore, malgré ce lien commun d'obligations personnelles aux commerçants, séparés l'un de l'autre, en intercalant entre eux une matière d'un ordre tout différent, celle *des sociétés*.

Si je pouvais avoir besoin de donner la preuve qu'il ne s'agit pas ici d'une puérile chicane sur le nombre de titres, je reprocherais encore aux rédacteurs d'avoir réuni dans celui des *commissionnaires*, deux situations entièrement dissemblables, celle des *entrepreneurs de transport*, et celle des *commissionnaires* qui n'ont rien à transporter, et dont toute la mission se borne à donner un emploi déterminé aux expéditions qui leur sont faites.

Les rubriques, dont les termes jouent quelquefois un certain rôle dans la controverse et l'argumentation judiciaires, sont quelquefois aussi rédigées avec une grande distraction, pour ne pas dire plus. Le titre 4, du premier livre, qui a pour rubrique *des séparations de biens*, en parle, il est vrai, dans ses deux premiers articles, mais uniquement pour renvoyer, à cet égard, à des dispositions du Code civil et du Code de procédure, ce qui était parfaitement inutile. Les seules dispositions de ce titre qui aient quelque importance réelle, sauf ce que j'en dirai plus tard, sont celles des trois articles suivants sur la *publicité des contrats de mariage;* et cette publicité n'est pas plus obligatoire pour les commerçants *séparés de biens*, que pour tous autres. — Personne n'ignore que malgré la rubrique *des achats et ventes*, les règles du titre 7 s'appliquent indistinctement à tous les contrats et tous les actes de commerce.—On comprendrait l'addition des mots *et de la prescription*, dans celle *de la lettre de change et du billet à ordre*, si la prescription ainsi annoncée ne devait pas s'appliquer exclusivement à ces billets eux-mêmes; mais du moment qu'il n'en est pas ainsi, et que la *prescription* ne joue pas dans ce titre un autre rôle que *l'endossement*, que *l'aval*, la *provision* etc., on se demande pourquoi l'on en a fait cette mention particulière.

Pénétrons maintenant au sein même des matières.

Une voix unanime a condamné le rejet aux derniers articles du code, de l'énumération des *actes de commerce* et de leur définition. Elles étaient inscrites dans les premiers articles du projet présenté au Conseil d'Etat, et c'est M. Regnault de Saint-Jean-d'Angely qui les en a fait renvoyer et exclure, en disant « que ces dispositions étaient plutôt théoriques que pratiques. » Quoi de plus pratique cependant, que de dire, dans une loi sur le commerce, quels sont les actes et les contrats qui lui appartiennent et le constituent? Mais fussent-elles même théoriques, du moment qu'on n'en concluait pas qu'il les fallait éliminer, pourquoi leur avoir assigné une place qu'on ne pouvait admettre, à moins d'admettre aussi, par exemple, que celle de l'exposition, dans des œuvres d'un autre ordre, doive être le dernier acte ou la dernière scène?

C'est peut-être pour n'avoir pas ainsi posé d'abord, d'une manière bien précise, les limites et les jalons de la matière qu'on avait à traiter, et de la carrière qui allait s'ouvrir, qu'on y a, dès les premiers pas, laissé entrer des dispositions qui n'ont rien de commercial, et appartiennent exclusivement au Code civil. La forme des autorisations préalables à l'exercice du commerce par les mineurs, l'hypothèque et l'aliénation de leurs biens, et celles des biens des femmes mariées, qui font l'objet des articles 2, 6 et 7, sont en effet des règles de l'état et de la capacité civiles des personnes, et leur place était d'avance formellement marquée dans le Code civil à côté ou dans le contexte des articles 220 et 487 dont elles ne sont, en réalité, que la conséquence ou le complément.

Les articles 13 à 17, *sur la production en justice des livres de commerce*, ont trait uniquement à la procédure, et constituent une première infraction, que nous verrons encore se reproduire ailleurs, à cette règle fondamentale de toute législation bien entendue, qui prohibe le mélange des dispositions de pure procédure, avec celles du fonds même du droit. L'article 10, dans sa partie relative au *visa* annuel du *livre-journal* et *du livre des inventaires*, ne pouvait manquer de soulever, dans la pratique, des répugnances et des obstacles, qui devaient le rendre entièrement illusoire, et le frapper d'une désuétude immédiate.

Je doute que les conditions de publicité imposées par les articles 67 et 70 aux contrats de mariage des commerçants, aient jamais eu beaucoup plus d'utilité et d'efficacité ; quoi qu'il en soit, ils ont perdu toute raison d'être, depuis qu'une loi récente a imposé à tous les contrats de mariage, indistinctement, des formalités au moins aussi puissantes, pour sauvegarder les intérêts auxquels on avait, ainsi, voulu pourvoir.

Dans le titre des *sociétés*, l'on n'a pas toujours suffisamment maintenu dans leur ordre respectif, et séparé les unes des autres, les dispositions sur la nature et la forme des contrats et des actes, et les règles sur l'étendue diverse des obligations qui en résultent ; parmi ces obligations mêmes, on s'est exclusivement occupé de celles qui liaient les associés envers les tiers, sans dire un mot de celles non moins importantes qui les liaient entr'eux, et enfin l'article 64, qui appartient aussi aux obligations des associés envers les tiers, a été placé à la fin du paragraphe intitulé *des contestations entre associés et de la manière de les décider*.

L'arbitrage forcé, qui fait l'objet de ce paragraphe, et qui déjà, comme disposition de procédure, n'aurait pas dû se trouver là, est d'ailleurs une conception trop malheureuse pour qu'on puisse même songer à le placer ailleurs. Il n'y a qu'un retranchement radical et complet qui puisse en faire bonne justice. Je ne sais quels résultats il avait pu produire sous l'empire de l'ordonnance de 1673, à une époque où, sous l'influence d'autres mœurs commerciales, des négociants émérites, d'une probité et d'une capacité éprouvées, pouvaient, dans un intérêt presque de famille ou de corporation, se prêter à devenir les agents de cette institution ; mais aujourd'hui elle est généralement tombée, sinon en de telles mains, du moins dans un tel discrédit, qu'il est impossible d'y voir autre chose qu'un incessant obstacle à l'expédition des affaires et à l'administration de la justice. Pourquoi d'ailleurs placer ainsi, pour l'arbitrage, les associés en dehors du droit commun? Pourquoi ne pas le leur laisser, comme à tous les citoyens, à titre de simple faculté? Et si, pour n'avoir pas voulu y recourir, les contestations qui les divisent pouvaient quelquefois, comme beaucoup d'autres, présenter des complications auxquelles le temps et les lumières des tribunaux pourraient ne pas suffire, pourquoi ne pas se contenter d'y pourvoir, en y appliquant les moyens ordinaires de vérification et d'instruction, avec quelque addition, s'il le faut, et quelque extension, comme je le propose dans mon projet?

Le privilége des *commissionnaires*, qui fait à peu près l'unique objet de la première partie du titre ainsi intitulé, y est présenté d'une manière obscure et incomplète, et dans la série des articles du même titre, relatifs aux *entreprises de transport*, le rang et la priorité dus à la *lettre de voiture*, qui en est l'ame et l'instrument, n'ont pas été plus respectés.

Dans le titre de *la lettre de change et du billet à ordre*, malgré l'égalité que les termes mêmes de cette rubrique reconnaissent justement entre ces deux actes, régis d'ailleurs absolument par les mêmes principes, sauf quelques uns particuliers à la lettre de change, on a donné à celle-ci une telle prééminence, que le billet à ordre disparaît absolument dans le cours du titre tout entier, pour apparaître seulement dans un article final qui renvoie, pour lui, à la plupart de ceux qui précèdent. Une telle manière de procéder rompait évidemment l'équilibre dans lequel il fallait laisser ces deux actes, dont l'importance dans le commerce est à peu près la même, si ce n'est que celle du billet à ordre ainsi sacrifié, est peut-être plus grande encore, comme étant d'un usage plus étendu et plus général que la lettre de change.

De toutes les autres imperfections de ce titre, j'en signalerai seulement une qui peut vraiment dispenser de parler des autres. Il s'agissait de dire dans quels délais le porteur de billets de commerce devait en demander paiement, et, en cas de refus, le constater par un protêt. Il n'est personne qui, ayant sur ce point à poser une règle, ne se place d'abord dans les cas qui se présentent le plus ordinairement, *quod plerumque fit*, et ne songe, avant tout, aux délais applicables aux siéges les plus habituels et les plus naturels du mouvement commercial, comme qui dirait *Paris ou Pontoise.* Les rédacteurs du Code se gardent bien de tomber dans cette voie vulgaire, et dans le premier article du paragraphe, dans l'article 160, ils règlent d'abord les délais pour les *Indes orientales et occidentales, pour les côtes méridionales et septentrionales de l'Amérique, de l'Asie et de l'Afrique :* Et il faut avoir fait, dans cet article 160, le tour du monde entier, et traversé toutes les prorogations de délais, de six mois à deux ans, qu'entraîne un aussi long voyage, avant d'arriver aux articles 161 et 162, pour y lire : « Le porteur » doit exiger le paiement le jour de l'échéance, et, en cas de » refus, faire protester le lendemain.

Le second livre débute par une anomalie non moins choquante. Avant d'avoir mis en jeu aucun des divers intérêts engagés dans la situation qu'il va régler, et d'avoir dit un mot des droits respectifs qui peuvent en résulter, il arrive de plein saut aux garanties particulières qui leur sont accordées, et aux moyens les plus extrêmes de les faire valoir, c'est-à-dire aux *priviléges sur les navires* et à la *saisie des navires,* inaugurant ainsi le commerce maritime par des audiences de criées et des exploits d'huissier. Mais non seulement cette procédure de la *saisie des navires* ne devait pas se trouver là, elle ne devait même se rencontrer nulle autre part dans le Code de commerce. Elle est en effet totalement dénuée de tout caractère commercial ; tous ses éléments et ses agents appartiennent exclusivement à la juridiction civile, et c'est devant elle seule qu'elle s'accomplit, comme toutes les autres saisies ; elle devait donc, comme elles, être laissée ou renvoyée au Code de procédure; et j'avais déjà, dans ma pensée, arrêté ce renvoi, lorsque je l'ai trouvé formulé expressément dans le Code hollandais.

L'énumération des *priviléges sur les navires*, qui sont au nombre de onze, présentée d'abord dans l'article 191 pour en fixer le rang, se trouve immédiatement et littéralement reproduite dans l'article 192, pour indiquer les pièces justificatives de leur existence ; et l'on pouvait éviter la répétition de cette longue et encombrante énumération, en réunissant, dans le même article, le rang et les pièces justificatives de chacun d'eux, ce qui était d'autant plus facile, que ces pièces consistent uniquement dans des états ou mémoires dressés ou taxés par différentes autorités, et qu'il suffisait d'énoncer.

Malgré la promesse des orateurs du gouvernement, de supprimer les expressions peu précises et surannées de l'ordonnances de 1681, on retrouve dans le second livre celles presque barbares *de Baraterie de patron, de Charte-partie. de Prêt à la grosse aventure, d'Avaries grosses*, etc., qu'il serait difficile de remplacer aujourd'hui, après une nouvelle consécration législative qui remonte à plus de quarante ans. Pour la dernière d'entre elles, je remarquerai cependant que Valin, dans son commentaire sur l'ordonnance, en avait relevé l'inexactitude en disant que les *avaries grosses*, c'est-à-dire, celles communes au chargement et au navire pouvaient souvent être moins importantes et moins dommageables que les *avaries simples*, c'est-à-dire celles particulières, soit au chargement, soit au navire seulement ; c'était bien le cas, en 1808, d'accueillir cette observation si juste, et de supprimer les avaries *grosses* comme peu précises et surannées.

Mais ce second livre était destiné à réunir tous les genres de confusion et d'obscurité. Déjà, dans celui qui le précède, quelques-uns des articles sur l'exercice du ministère des agents de change et des courtiers, et l'article 176 sur l'insertion des protêts aux répertoires des notaires et des huissiers, portaient l'empreinte du mélange de dispositions d'un ordre purement réglementaire, avec celles d'un caractère réellement législatif. Mais ici ce mélange vicieux prend des proportions bien plus grandes, et la faute ainsi commise est d'autant plus inexcusable, que dans la séance du Conseil d'Etat, du 3 février 1807, M. Bigot de Préameneu en avait, en ces termes, averti ses collègues : « la » plupart des clauses des contrats maritimes sont indépen- » dantes de la volonté des parties, et régies par des dispositions » ayant pour objet la discipline de la navigation. On peut » prendre, pour exemple, des titres entiers, comme celui *du* » *capitaine*, un des plus importants. Le capitaine ne figure, » dans tous ces contrats, que comme responsable à raison des » devoirs que lui imposent ses fonctions. Mais ces devoirs sont » pour la plupart, ceux d'administration générale, indépen- » damment de la volonté des parties. — Ainsi, ce n'est pas par » l'effet de la convention qu'il est obligé d'avoir à son bord le » rôle d'équipage, l'acte de francisation, de faire visiter son » navire avant le départ, d'être à son bord à la sortie du port, » de tenir un livre-journal constatant tout ce qui s'est passé » relativement à l'équipage et la cargaison, etc. » Cette observation si juste tendait à faire retrancher notamment les articles 224 à 227, 235, 242 à 249, 279, 400 à 414, et ce qui n'a pas été fait alors, n'en devrait pas moins être fait aujourd'hui.

Dans le 3e livre, l'ordre logique et chronologique des faits et des incidents de la faillite, est aussi constamment méconnu. Les *actes conservatoires* qui, par leur nature, et en quelque sorte par leur dénomination, sont les premiers dont les syndics aient à s'occuper, sont relégués à la section 4 du chapitre 5, à la suite d'opérations diverses qu'ils doivent toutes précéder. Le chapitre 10, c'est à dire l'avant-dernier de tous ceux relatifs à la faillite, est consacré, sous la rubrique de *la revendication*, à divers actes, à la plupart desquels d'abord, ce mot, qui suppose un dessaisissement antérieur, ne saurait s'appliquer, mais qui, de plus, consistant dans la vente de marchandises non encore expédiées, ou non encore arrivées dans les magasins du failli, présentent tous le caractère de négociations seulement en cours d'éxécution au moment de l'éclat de la faillite, et devaient, par conséquent, attirer et fixer les premiers regards du législateur.

Ce n'est pas tout : ce chapitre de *la revendication* est entouré de toute part de matières qui n'ont pas avec elle la moindre relation : de la *vente des immeubles* d'un côté, et *des voies de recours contre les jugements* de l'autre. — La vente des immeubles, qu'il était si naturel de rapprocher de celle *des meubles*, en est séparée par des matières d'un ordre tout différent, et il y a entr'elles deux toute la distance de l'article 489 à l'article 571. De son côté, le chapitre des *voies de recours contre les jugements*, sur quatre articles dont il se compose, 580 à 583, en renferme trois qui sont entièrement étrangers à sa rubrique. L'article 583 énumère une série de jugements contre lesquels il interdit formellement toute espèce de recours. Les articles 580 et 581 déterminent les délais dans lesquels doit être formée, soit l'action des créanciers en report de l'ouverture de la faillite, soit l'opposition du failli ou de tout autre intéressé, aux jugements qui déclarent la faillite ou en fixent l'ouverture, et la véritable place de ces deux articles était immédiatement à la suite des dispositions relatives aux jugements auxquels ils s'appliquent.

Les articles 555 à 564, sur les *droits des femmes de faillis*, ont tous uniquement pour objet de restreindre à leur égard certains avantages conférés par le Code civil aux femmes mariées. Il importait, évidemment, d'imprimer et de maintenir à ces dispositions ce caractère de restriction et d'exception, ce qui se faisait naturellement en les présentant toutes sous une forme grammaticale restrictive et négative : *la femme du failli n'aura, ne pourra, etc.*; au lieu de cela, on leur a constamment donné une forme énonciative et affirmative, sous laquelle leur physionomie particulière disparaît entièrement.

Ce 3e livre est aussi entaché, dans toutes ses parties, de ce mélange vicieux, que j'ai déjà signalé, des dispositions de procédure avec celles relatives au fonds même du droit. Et au milieu de ces règles essentielles et capitales, sur *l'ouverture de la faillite,* sur *la révocabilité* ou *la nullité des actes du failli,* sur *les droits des femmes,* sur *ceux des créanciers,* se trouvent intercalés et jetés pêle-mêle, *l'apposition et la levée des scellés,* la *vente des meubles et immeubles,* les *voies de recours contre les jugements, la procédure en réhabilitation, etc., etc.*

Il était cependant bien facile de faire cesser cette confusion, ou plutôt de la prévenir. Sans doute, l'étendue plus restreinte du droit commercial ne permettait pas de faire pour lui, comme pour le droit civil ou criminel, un code particulier de procédure ou d'instruction ; mais, du moins, devait-on, dans une partie quelconque du Code de commerce, réunir et grouper toutes les dispositions de procédure que la matière pouvait comporter. On semblait même avoir préparé la place, en donnant au livre 4 la rubrique de *la juridiction,* et celle de *la procédure* à ses deux derniers titres ; mais elle ne pouvait être remplie par les six articles de ces deux titres; et tous ceux du même ordre, mal à propos égarés dans les livres précédents, devaient d'abord y être ajoutés et ramenés. Il ne fallait pas même s'arrêter là : surtout dans l'intérêt de la pratique, et pour la plus grande commodité de ceux appelés à intervenir, d'une manière quelconque, dans le contentieux commercial, il fallait y former un corps complet de la procédure spéciale au commerce, dans lequel serait également rentré le titre du Code de procédure civile consacré à cette matière.

La procédure commerciale me conduit naturellement à dire quelques mots des tribunaux particuliers de commerce, sur le mérite desquels il ne faudrait pas croire à une complète unanimité d'opinions. Ils ont sans doute l'avatage d'être affranchis des formalités onéreuses, et souvent puériles, imposées aux juridictions ordinaires, qui pourraient elles-mêmes parfaitement s'en passer, comme en donnent chaque jour la preuve celles d'entre elles auxquelles le contentieux commercial n'a pas été retiré. Quoiqu'il en soit, à ce titre, cette institution est justement chère aux commerçants; elle peut l'être aussi comme une sorte de juridiction de famille, qui cependant n'est pas quelquefois sans inconvénient pour les membres de la famille, éloignés, par de grandes distances, du siége où ils sont jugés. Mais ici, comme ailleurs, ne pourrait-on pas dire que les institutions ne sont *que ce que les hommes les font*, et j'en prends à témoin les commerçants eux-mêmes : n'est-il pas vrai qu'en dehors de quelques grands centres de commerce, le personnel d'une magistrature commerciale est souvent, et sera, pendant longtemps encore, bien restreint et bien rare? Et de cette situation incontestable ne serait-on pas en droit de conclure, tout au moins, qu'il ne faudrait pas prodiguer ces juridictions comme on l'a fait ?

Quoiqu'on puisse en penser, leur organisation ne saurait, dans tous les cas, être considérée comme partie intégrante et nécessaire d'un Code commercial ; elle appartiendrait même beaucoup plutôt à la législation sur l'organisation judiciaire, et, pour mon compte personnel, j'avais cru devoir la comprendre dans le projet de Code particulier que j'ai publié sur cette matière. Elle est, d'ailleurs, comme des exemples récents l'ont prouvé, surtout pour le mode d'élection de ceux appelés à y concourir, dans une trop grande dépendance des institutions politiques et de leurs variations, pour qu'il ne soit pas préférable encore d'en laisser le règlement à une loi particulière, dont les modications éventuelles n'auraient pas les mêmes inconvénients. Les dispositions du Code de commerce, à cet égard, m'ont donc paru devoir être retranchées, et, par la même raison, l'organisation des conseils de prud'hommes et l'élection de leurs membres n'ont pas été comprises dans ce que j'ai cru devoir dire de cette institution.

§.

Voilà, pour les matières dont notre Code de commerce se compose, les principaux griefs que j'ai à articuler. Je dis les principaux, car j'aurais pu en formuler beaucoup d'autres, et citer, par exemple, un grand nombre d'articles placés dans des titres, des sections ou des paragraphes auxquels ils sont entièrement étrangers... Mais je ne veux pas descendre dans des détails trop minimes, et pour n'y pas être entraîné, je me contenterai aussi d'articuler, sans même essayer d'en donner la preuve, un autre grief non moins important, à la fois, et non moins évident, c'est celui de l'incorrection et de l'obscurité des textes. Il serait, en effet, impossible d'aborder ce terrain sans se trouver aussitôt en présence d'un genre d'observations dont la ténuité demanderait beaucoup d'efforts, d'espace, et de temps, pour devenir suffisamment saisissable ; et, d'un autre côté, la citation de quelques exemples ne pourrait jamais donner l'idée de la multiplicité de celles qu'on pourrait faire... Je lisais, il y a quelque temps, dans un feuilleton, il est vrai, mais dans un feuilleton portant la signature d'un des écrivains les plus judicieux de notre temps (1), que « nos lois sont écrites en patois » ; que ce soit là, dans toute l'acception du mot, une licence poétique, je suis tout prêt à l'accorder, mais une telle témérité révèle, elle-même, toute la gravité et l'évidence du mal que j'aurais maintenant à signaler, et dont notre législation commerciale est, peut-être encore, plus entachée qu'aucune autre ; tantôt ce sont des principes différents réunis dans le même article, ou le même principe fractionné entre plusieurs articles; tantôt le mot qui constitue le sens, ou l'objet principal de la disposition, est jeté au hasard, et noyé au milieu des autres, comme s'il pouvait indifféremment se trouver au commencement, au milieu ou à la fin; tantôt l'intention et le sentiment de la phrase disparaissent ou s'altèrent dans le mouvementet le tour qui lui sont donnés; tantôt, au lieu de s'y développer d'un seul jet ou successivement, comme il arriverait, si elle était d'avance bien murie et bien arrêtée, la pensée y est saccadée par des coupures et des

(1) Alphonse Karr.

temps d'arrêt qui en trahissent l'hésitation et l'irréflexion, et font voir, manifestement, qu'on avait pris la plume, sans bien savoir ce qu'on avait à dire, ni comment on le dirait... En un mot, toutes ces brèves formules, qu'on aimerait à voir constamment animées de l'allure la plus vive et de la lumière la plus pure, se traînent, la plupart du temps, languissantes et empâtées, dans les embarras de formes grammaticales qui les énervent, ou de mots insignifiants et inutiles qui los surchargent (2).

Je ne serais pas surpris de rencontrer, ou de faire naître, dans quelques esprits, l'idée que j'exagère l'importance de pareilles critiques; je viens cependant de faire voir le danger auquel des négligences de ce genre exposent la législation elle-même, aux yeux des hommes d'un goût sévère; je demande, de plus, quelle sera donc la valeur de notre Code de commerce, réduit, comme on l'a fait en 1808, à un simple corrigé de la législation antérieure, si, à l'absence de tous nouveaux principes, viennent se joindre encore l'incohérence des matières et la négligence de la rédaction?

S'il était nécessaire de rendre à la correction des textes toute l'importance à laquelle elle a droit, j'emprunterais à l'une de nos anciennes tribunes un passage où elle est élevée à une hauteur d'où l'on tenterait vainement de la faire descendre.

» Nous avons cherché, » disait M. Decazes, dans un rapport à la Chambre des pairs de 1829, sur un projet de Code pénal militaire, » à supprimer les expressions qui peu-
» vent être diversement entendues, à les remplacer par des
» locutions plus simples, à éviter les répétitions et les longueurs

---

(2) Je n'ai pas la prétention d'être moi-même toujours parfaitement en règle avec les prescriptions rigoureuses de la grammaire; j'ai cru notamment pouvoir m'affranchir, dans bien des cas, de la répétition qu'elle exige, des articles et des prépositions conjonctives, répétition qui est si souvent, dans notre langue, une cause de surcharge et d'embarras, et qui surtout est peu conciliable avec les besoins des formes elliptiques du style législatif, dont la loi des douze tables offre le modèle, par exemple, dans ces mots énergiques et précis : « *Ut testator legassit, ita jus esto.* »

» inutiles, à donner toujours à la même pensée, lorsqu'elle se
» reproduit, la même expression, en cherchant, autant que pos
» sible, la plus simple et la plus claire. On ne s'est pas occupé
» de l'administration de la justice, sans avoir reconnu toute
» l'importance de cette simplicité et de cette clarté. Les an-
» nales judiciaires offrent chaque jour de nombreux exemples
» de difficultés aussi graves par les frais et le préjudice
» qu'elles occasionnent, que minimes par ce qui leur sert de
» prétexte ou de cause. Les procès de particules avaient ruiné
» bien des plaideurs, avant qu'on les eût frappés sur la scène
» comique d'un ridicule qui n'en a diminué ni les inconvé-
» nients ni le nombre. Les magistrats savent combien il importe
» d'éviter, dans la confection des lois, tout ce qui prête à l'é-
» quivoque ou au doute, tout ce qui peut être interprété
» diversement; aussi, toutes les fois qu'une expression ne
» parait pas complètement nette à un esprit judicieux, est-il
» sage de la remplacer par une expression plus claire. Il ne
» suffit pas, en effet, qu'on devine ce qu'une loi veut dire, il
» faut qu'on n'ait pas besoin de le deviner; qu'il ne soit pas
» possible d'y voir autre chose que ce qui y est, et de n'y pas
» voir tout ce qui y est. C'est le soin minutieux et scrutateur
» apporté dans la confection des lois qui fait leur perfection.
» Tel amendement, en évitant une fausse interprétation, en
» faisant disparaître un doute, aurait empêché des procès dont
» les lenteurs et les frais ont ruiné et désolé des familles.
» Pour ne pas prolonger de quelques minutes un examen de
» détail, on s'exposerait à prolonger bien davantage les an-
» goisses et la captivité d'un accusé peut-être innocent. »

Il serait, ce me semble, bien regrettable que notre législation commerciale restât plus longtemps privée du bienfait de l'application d'aussi sages préceptes, et ce n'a pas été une des parties les moins laborieuses de ma tâche, de chercher à l'en doter, en ramenant la plupart de ses textes à leur observation la plus stricte qu'il m'a été possible... Si j'ai cru devoir joindre à chacun des articles de mon projet, pour en indiquer la provenance, les numéros de ceux du Code de commerce et même du Code hollandais, auxquels ils se réfèrent (1), il ne faudrait pas que cette indication pût faire supposer la reproduction littérale ou l'identité des textes. Il en est bien peu, en effet, si ce n'est dans quelques parties, comme la *vérification des créances*, le *concordat*, le *contrat d'union*, et quelques autres opérations à peu près purement matérielles des faillites, auxquels je n'ai dû faire subir des modifications plus ou moins profonde, et qui m'ont souvent demandé bien du temps. Si l'on ne veut pas me croire sur parole, on pourra s'en assurer par la comparaison des articles respectifs de mon projet et du Code ; et l'indication des numéros de ce dernier rendra même cette comparaison beaucoup plus facile et plus prompte ; elle pourra servir aussi, en mettant en saillie la place qu'ils occupent dans le Code de commerce, à juger si elle était bien conforme aux exigences de la logique et de la méthode, et si celle que je leur ai donnée n'est pas, sous ces rapports, beaucoup plus satisfaisante. Ce n'est pas là, comme on pourrait peut-être le penser d'abord, une chose indifférente : la valeur d'un principe, son efficacité, la complète intelligence de son application et de sa portée, dépendent beaucoup de la place qu'il occupe, et du milieu au sein duquel il est classé. Si l'on voulait amoindrir l'intérêt de semblables critiques, comme portant plus particulièrement sur la forme, je demanderais qu'est-ce donc que la codification elle-même, si ce n'est une simple forme de réunion et de coordination des principes ? Et quand il s'agit surtout d'une codification dénuée, comme celle dont il s'agit, pour le fonds même des choses, de tout mérite d'invention et d'originalité, il doit être encore bien moins permis de n'attacher aucune importance à la complète absence de celui auquel seul elle pouvait prétendre. Que les ordonnances de 1673 et de 1681 eussent réuni tous les principes essentiels du droit commercial, et qu'il eût été difficile d'en

(1) J'ai commis, dans l'indication de ces renvois, beaucoup d'erreurs que je n'ai pas eu le temps de réparer.

ajouter d'autres, je ne suis pas éloigné de l'admettre : mais du moment qu'on voulait donner à la promulgation de ces principes une forme nouvelle, et qu'on ne se proposait pas d'autre but, il fallait du moins que cette forme fût, sous tous les rapports, la plus propre à les mettre en relief et dans tout leur jour ; l'on a procédé, au contraire, comme si l'on voulait en faire de véritables arcanes et des mystères de métier, inaccessibles à quiconque ne serait pas duement gradué et patenté pour les approfondir et les pénétrer.

§

Il me resterait maintenant à parler des additions que j'ai pu faire au Code de commerce. Quoiqu'elles ne soient pas sans quelque importance, *au moins pour la quantité*, cependant j'en indiquerai seulement quelques-unes : j'étais même tenté de me borner à dire : qui lira, verra.

Les scandales dont les sociétés anonymes et en commandite ont donné le triste spectacle appelaient des dispositions propres à les réprimer. — L'industrie, qui est la mère plutôt encore que la sœur du commerce, devait obtenir, à côté de lui, la place que jusqu'à présent elle n'avait pas eue, et, pour réparer cette omission, j'ai coordonné et combiné toutes les lois dont elle a été l'objet, dans ces derniers temps surtout, y compris même celle sur l'*apprentissage*, qui se distingue et se recommande entre toutes par un caractère éminent de moralité.

Sur la plupart des matières, j'ai rencontré dans le Code hollandais, dont la collection, publiée par M. Victor Foucher, donne la traduction, des modifications ou des compléments à notre propre législation, dont je devais tenir compte, plus particulièrement encore au point de vue international où je m'étais placé ; j'ai même donné complètement à ce code la préférence sur le nôtre, pour *les assurances* dont la Hollande est, comme chacun sait, la terre classique, et, encore aujourd'hui, le foyer d'où elles se répandent dans le monde entier... Cet emprunt, cependant, n'est pas non plus purement littéral : j'ai

3

dû notamment réunir et coordonner, dans un titre unique, toutes les règles et les applications de ce contrat, divisées dans le Code hollandais en trois titres appartenant à des livres différents.

A l'exemple de ce code, je n'ai pas restreint l'assurance à celle *des transports par mer*; j'y ai même compris celle contre *l'incendie*, quoique le caractère commercial ne lui appartienne, d'une manière bien nette, que du chef des compagnies qui l'exercent ou plutôt l'exploitent... En présence de la déplorable lacune de notre législation, sur ce point important, il, est de jour en jour, plus urgent qu'une réglementation quelconque, commerciale ou civile, mette enfin un terme aux spéculations et aux combinaisons artificieuses de ces compagnies, et aux iniques déceptions de la foule ignorante qu'elles abusent et trompent chaque jour.

Comme je l'avais fait pour la procédure, j'ai aussi ajouté et réuni les dispositions pénales, plus particulièrement applicables au commerce et à l'industrie. Il ne serait pas possible de laisser celles relatives à la faillite en dehors d'un Code de commerce ; et alors, pourquoi n'y comprendrait-on pas aussi les autres ? Ne serait-ce pas même un moyen puissant d'en propager plus sûrement la connaissance, et d'en assurer, d'une manière plus efficace, le respect et l'autorité ?

J'aurais bien eu, je l'avoue, plus d'une fois, la tentation de donner, tout au moins, quelques applications plus larges à certains principes; d'assimiler, par exemple, les *véritables marchands d'immeubles* aux *commerçants*, et la *lettre de voiture* au *connaissement*, pour la transmission par voie d'ordre ; mais, pour s'engager un peu résolument dans le champ des innovations, il faudrait être encouragé par de plus grandes espérances de succès qu'il ne m'est permis d'en concevoir, et le jour où je pourrais me sentir plus de confiance ou de crédit, il serait bien facile d'élargir le cercle où je me suis renfermé, et où j'ai pu marcher, presque toujours, sur des appuis indispensables à celui qui pourrait, en essayant de voler de ses propres ailes, s'exposer, au moins, à l'apparence de la témérité.

C'est ainsi encore que je n'ai pas osé prendre sur moi de formuler, sur les ventes à l'encan des marchandises neuves, des principes directement contraires à ceux de notre loi du 25 juin 1841. Il est bien reconnu que les prélévements nombreux et à titres divers, exercés par les *intermédiaires* sur les denrées commerciales, sont une des causes principales de l'élévation de leurs prix pour les consommateurs. D'un autre côté, c'est aussi une chose fâcheuse sous plusieurs rapports, et même sous celui de la liberté commerciale, que les industriels et les ouvriers travaillant, pour leur propre compte, soient obligés de passer par les mains de ces intermédiaires, et même par celles des marchands proprement dits. Une large extension et même une liberté complète des ventes à l'encan, réglementées par des prescriptions qui en garantiraient la loyauté, me sembleraient devoir apporter à ces abus d'efficaces remèdes; et l'on n'a pas mis le pied en Angleterre, sans que la multiplicité des ventes à l'encan, annoncées de toutes parts, n'avertisse qu'on se trouve sous un régime essentiellement différent du nôtre. J'ai cru cependant devoir me borner à renvoyer, par mon article 23, à une loi particulière qui réglerait les ventes à l'encan, notamment quant au droit « des manufacturiers, fabricants, artisans et ou- » vriers, travaillant pour leur propre compte, de vendre » ainsi, isolément ou collectivement, les produits de leur » fabrication personnelle. »

Ce que je viens de dire, à ce sujet, doit faire sentir dans quels développements m'auraient entraîné des innovations dont chacune aurait dû être ainsi expliquée et justifiée d'avance contre les objections qu'elle n'aurait pas manqué de soulever; et, d'un autre côté, l'on devra en même temps apercevoir combien il serait facile, une fois qu'on serait d'accord sur les principes, de les faire rentrer et de les classer dansun système de législation logiquement ordonné.

§

Au terme de ce travail, je ne me dissimule nullement les objections et les obstacles qui pourront s'opposer au succès de la réforme qu'il aurait pour but d'obtenir et d'opérer. Tout le monde est d'accord pour placer les lois au premier rang des plus grands intérêts des peuples, et dès lors il semblerait que chacun devrait aussi en conclure que leur amélioration ne saurait jamais être trop ardemment poursuivie, ni achetée à trop grand prix. Toute tentative et toute pensée de ce genre ne manquent jamais cependant de susciter les protestations et les résistances les plus vives. Au nom des dangers de la mobilité des lois, on veut les condamner à une éternelle immobilité; et pour les conservateurs quand même, pour ceux dont Courier disait qu'ils auraient voulu conserver le chaos, s'ils étaient nés de son temps, la codification elle-même est devenue une sorte d'impasse dans laquelle ils se retranchent et voudraient nous renfermer à jamais.

J'ai déjà assez vécu, pour avoir assisté aux derniers retentissements des murmures de quelques anciens praticiens, restés inconsolables des troubles qu'avait apportés, des vides qu'avait faits, jusqu'au sein de leurs bibliothèques, la maudite substitution d'une législation uniforme à ces vieilles et chères coutumes qui se disputaient le pays, de province à province, de village à village.

En dehors du mouvement des générations qui s'écoulent, il reste toujours une cohorte plus ou moins compacte de ces gens qu'Andrieux, le poète-philosophe de notre jeunesse, nous représentait :

> Au char de la raison attelés par derrière.

J'ai même entendu un grave et savant collègue se récrier contre les obstacles que les chemins de fer allaient apporter à l'exécution des mandats; le télégraphe électrique, en plaçant le remède à côté du mal, pourrait bien ne l'avoir encore pas rassuré et calmé.

Faut-il donc qu'au milieu de ce progrès immense qui entraîne toutes les choses humaines, la législation seule reste comme une immuable borne, où la devise « *non ibis amplius* » serait inscrite en caractères impérissables? Et pourquoi, lorsque l'industrie, par exemple, est de toutes parts l'objet d'une sympathie presque enivrante ; lorsqu'on multiplie, pour elle, les pompes, les récompenses et les splendeurs, la législation, qui s'adresse aussi à des intérêts matériels, pour ne pas parler des autres qu'on dédaignerait peut-être, ne serait-elle pas, au moins, comme la sauvegarde la plus puissante de ces fortunes et de ces richesses, appelée aussi à prendre une part d'améliorations et de réformes, d'autant plus, qu'il serait plus facile de la lui faire, qu'à aucune des autres branches des connaissances humaines?

Dans les sciences en général et dans les arts, le génie de l'homme est, la plupart du temps, aux prises avec les œuvres et les forces de la nature elle-même, et il faut qu'il en triomphe pour arriver à la moindre conquête. Dans la législation, au contraire, qui n'est pas sans doute une science de mots, mais en partie une science de convention, l'homme n'a, pour ainsi dire, affaire qu'à lui-même et à son propre ouvrage ; il n'a qu'à perfectionner ce qu'il a produit d'imparfait; il n'a qu'à modifier ce qu'une première fois il aurait déjà pu produire autrement ou mieux ; il n'a enfin qu'à effacer, à l'aide du temps et de ses enseignements, les traces de sa propre infirmité, sur un terrain qu'il peut toujours manier et pétrir à son gré et à sa merci.

Disons-le, d'ailleurs, s'il le faut encore : les Portalis et les Cambacérès n'ont pas plus le privilége du dernier mot de la science, que les Monge et les Lavoisier, et l'ombre de Napoléon lui-même ne serait pas plus attristée du remaniement de ses codes, que de celui de l'équipement et de l'armure de ses soldats, depuis le pantalon garance jusqu'au fusil à piston, à la carabine Minié et au canon Paixhans.

En d'autres temps, on se faisait un arsenal inépuisable de fins de non recevoir et d'attermoiements, soit des complications intérieures du pays, ou de ses périls extérieurs, soit plus constamment encore, des embarras du mécanisme, et de l'impuissance du régime parlementaire. Eh mon Dieu ! le Code civil s'élaborait sous le coup de la machine infernale de la rue Saint-Nicaise ; il porte, et, comme lui, ceux qui l'ont suivi, les mêmes dates qu'Austerlitz, Iéna et Wagram ; et enfin les prétendus obstacles parlementaires ont disparu....

Il ne reste donc plus de prétexte pour laisser plus longtemps notre commerce et notre industrie sous l'empire d'une législation déjà vieille d'un siècle et demi, au moment de sa promulgation, et dont les véritables auteurs et les parrains n'étaient d'ailleurs ni des Cambacérès, ni des Portalis. En lui donnant, en ce moment, un baptême nouveau, la France peut encore espérer d'élever un symbole dont le commerce du monde viendra tôt ou tard emprunter la lumière.

Sans me préoccuper d'usages différents, je place à la suite de cette introduction, et comme en faisant le complément, une table de matières, destinée surtout à présenter, d'un seul jet, l'ensemble et les diverses parties du plan que j'ai substitué à celui du Code de commerce. La comparaison de l'un à l'autre achèvera, je l'espère, la justification de mes critiques à cet égard.

Après s'être édifié sur ce point, il ne restera plus, si l'on veut bien en prendre la peine, qu'à faire aussi la comparaison des textes, soit pour leur classement particulier, soit pour leur rédaction, et à se rendre compte des suppressions et des additions.

TABLE DES MATIÈRES.

TITRE Ier.

Du Commerce et des Commerçants en général.

§ 1er. DES ACTES DE COMMERCE.

1. (632 633) Sont réputés actes de commerce,

Tout achat de denrées et marchandises pour les revendre, soit en nature, soit après les avoir travaillées et mises en œuvre, ou même seulement pour en louer l'usage;

Toute opération de banque publique ou particulière;

Toute opération de change et souscription de lettre de change par personnes capables de s'obliger en cette forme;

Toute entreprise de manufacture, — de commission, — de transports de personnes ou de marchandises par terre, par eau fluviale et par mer, — d'assurances, — de ventes à cri public, — de spectacles publics, — d'agence et bureau d'affaires:

Toute construction, achat et vente de navires ou bâtiments pour la navigation fluviale ou maritime; — tout achat et vente d'agrès, apparaux et avitaillement pour bâtiments de mer; — tous engagements de gens de mer, affrètements de bâtiments, et prêts à la grosse.

2. (638) Les achats faits par les commerçants, d'objets étrangers à leur commerce, et destinés à leur usage particulier; — les ventes faites par les vignerons et autres propriétaires, de denrées de leur cru, — ne constituent pas des actes de commerce.

§ 2. DES COMMERÇANTS.

3. (1) Sont commerçants ceux qui exercent des actes de commerce et en font leur profession habituelle.

4. (4 et 5) La femme mariée qui concourt au commerce de son mari n'est pas, pour ce, réputée commerçante : elle ne peut l'être qu'autant qu'avec l'autorisation de son mari, résultant du seul fait qu'il ne s'y est pas opposé, elle exerce publiquement le commerce en son nom personnel.

5. (2) Les mineurs des deux sexes ne peuvent exercer le commerce que du jour où les autorisations exigées à cet effet par le Code civil auront été enregistrées et affichées au greffe du tribunal de commerce du lieu où ils l'exercent.

6. (3 et 5) Les femmes mariées et les mineurs, ainsi habiles à exercer le commerce, s'obligent valablement dans leurs biens et leurs personnes par tous les actes qui y sont relatifs : les femmes obligent même leurs maris, dans leurs biens, à moins qu'il y ait séparation de biens entr'eux.

§ 3. DE LEURS LIVRES ET ÉCRITURES.

7. (8) Tout commerçant est tenu d'avoir un livre-journal qui présente, jour par jour, les opérations de son commerce, ses négociations, acceptations ou endossements de billets, ses dettes actives et passives, et généralement tout ce qu'il reçoit ou paie à quelque titre que ce soit. Les sommes employées a la dépense de sa maison doivent être, mois par mois, inscrites au même livre.

Il doit également tenir un autre livre sur lequel sont copiées toutes les lettres qu'il envoie, et recueillir et mettre en liasse toutes celles qu'il reçoit.

8. (9) Il doit, tous les ans, faire un inventaire sous seing-privé comprenant toutes ses dettes actives et passives, tous ses effets mobiliers et immobiliers, et transcrire, année par année, ces inventaires, sur un livre à ce spécialement destiné.

9 (9, 11) Ces livres seront, au moment de leur ouverture, paraphés et visés sans frais, soit par un des juges du tribunal de commerce, soit par le maire ou un adjoint.

Il seront tenus par ordre de dates, sans blancs, ni lacunes, ni transports en marge.

10. (11) Les commerçants seront tenus de conserver ces livres pendant dix ans.

§ 4. DE LEURS COMMIS. (*Jurisprudence*).

11. Le commis préposé par le commerçant à la gestion de son commerce n'est qu'un simple mandataire, qui ne s'oblige pas lui-même par les actes auxquels il se livre dans l'intérêt de son patron.

Il peut être rémunéré, soit par un salaire fixe, soit par une part déterminée dans les bénéfices.

12. A moins que le contraire ne résulte d'usages généraux ou locaux, d'actes écrits portés à la connaissance des tiers, ou de la notoriété du fait particulier, établie par les modes de preuve admissibles en matière de commerce, le commis oblige son patron dans les limites et d'après les distinctions suivantes :

Dans les magasins du patron, le commis préposé à la vente

oblige son patron absent ou présent, à l'égard des actes relatifs à cette vente ;

Celui préposé à la caisse n'a pouvoir que de recevoir et de donner quittance ;

Celui préposé aux voyages, pour achats ou ventes, engage son patron pour tous les actes de cette nature, relatifs au commerce de celui-ci.

§ 5. DES NOMS, ENSEIGNES ET FONDS DE COMMERCE.

(*Jurisprudence*).

13. Le nom attaché par le commerçant, à l'exploitation de son commerce, et l'enseigne sous laquelle il l'exerce, constituent sa propriété et ne peuvent être usurpés directement ni indirectement par autrui, sous peine de dommages-intérêts.

14. Les fonds de commerce, à moins de dispositions contraires dans les actes auxquels ils peuvent donner lieu, comprennent les noms et enseignes, l'achalandage et la clientèle, — les marchandises, matières premières, matériel commercial et industriel, et les machines actuellement existant dans le magasin ou l'usine, — le droit au bail, s'il y en a un, des locaux où s'exerce le commerce ou l'industrie.

Ils ne comprennent les dettes actives et passives, qu'autant que les actes en contiennent la mention formelle.

15. Les fonds de commerce sont meubles.

§ 6. DES BOURSES DE COMMERCE.

16. Les bourses de commerce sont les lieux affectés par le gouvernement à la réunion des commerçants, pour la négociation et la vente des effets publics, des marchandises et autres valeurs industrielles et commerciales dont le cours est susceptible d'être coté.

17. Le cours résultant de ces ventes et négociations est constaté, jour par jour, par les agents de change et les courtiers, et sert, au besoin, de régulateur pour toutes les opérations de la même nature.

§ 7. DES COURTIERS ET AGENTS DE CHANGE.

18, (74 à 82). Les courtiers et les agents de change sont de simples intermédiaires préposés par le gouvernement à certaines opérations ou négociations déterminées, soit par la loi générale de leur institution, soit par l'acte particulier de leur nomination, et dans lesquelles ils ont exclusivement le droit d'intervenir à ce titre.

19. (85. 86). Ils ne peuvent, sons peine de destitution, faire

pour leur propre compte, directement ou indirectement, en leur nom ou sous un nom supposé, aucune opération de commerce ou de banque, ni s'y intéresser en aucune façon.

Ils ne peuvent ni se rendre personnellement garants des marchés négociés par leur entremise, ni payer de leurs deniers, ou recevoir et donner quittance pour le compte de leurs commettants.

(70 du C. holland.) Ils sont néanmoins civilement responsables de la vérité de la signature du cédant de billets de commerce dont ils ont fait la négociation.

20. (84 du C. de c. et 66 du C. holland.) Les courtiers et les agents de change doivent insérer, jour par jour, sur leur livre-journal, immédiatement après leur conclusion, toutes les opérations par eux faites et mentionnées sur leurs carnets, avec indication exacte des noms des parties, du jour de l'opération et de la délivrance, de la quantité et de la qualité des marchandises et valeurs, du prix, ainsi que de toutes les autres conditions de l'opération. Les parties, ont en tout, temps le droit de s'en faire délivrer des extraits contenant tout ce qui est relatif à l'opération.

21. (69 du C. holland.) Les courtiers sont en outre tenus, à moins qu'ils n'en soient dispensés par les parties, d'annoter des indications propres à en établir l'identité, et de conserver jusqu'à la délivrance, les échantillons des marchandises dont ils ont opéré la vente.

22. (63 du C. holland.) Tout acte du ministère des courtiers et agents de change, fait par des personnes non dûment investies de ces titres, est régi par les principes du mandat, sauf, le cas échéant, l'application des lois pénales.

§ 8. RENVOI A DES LOIS PARTICULIÈRES.

23. Les ventes à cri public, soit aux enchères, soit au rabais, soit à prix fixe, de marchandises neuves en gros ou en détail, — le droit de tous manufacturiers, fabricants, artisans ou ouvriers travaillant pour leur propre compte, de vendre ainsi isolément ou collectivement, celles provenant de leur fabrication ou travail personnels, — la faculté pour les commerçants résidants, forains ou ambulants, d'appliquer le même mode à la vente de celles achetées par eux ;

Les spectacles publics, le droit des auteurs, les droits et engagements respectifs des directeurs et des acteurs;

Seront réglés par des lois particulières et des règlements d'administration publique.

Les agences et bureaux d'affaires, dansleurs rapports avec les personnes qui recourront à leur entremise, seront réglés par les principes du droit civil sur le mandat, sauf le principe de la gratuité.

Les lois sur la comptabilité publique détermineront les cas et le mode d'application des règles du droit commercial aux comptables et receveurs de deniers publics.

TITRE II.

Dispositions particulières à l'Industrie.

SECTION 1re. — Des établissements et des produits industriels.

24. Les usines hydrauliques ne peuvent être établies sur des cours d'eaux, même non dépendants du domaine public, qu'avec l'autorisation de l'administration et sans préjudice des droits et dommages des tiers;

Celles à vapeur ne pourront fonctionner qu'après réception des appareils et des moteurs par l'administration;

Celles qui pourraient être une cause d'insalubrité, d'incommodité ou de dommages quelconques pour les localités et les habitations environnantes, seront aussi soumises à l'autorisation préalable et à la surveillance de l'administration, sous la réserve des droits et dommages d'autrui.

Des règlements d'administration publique détermineront le mode d'action, et d'intervention de l'autorité administrative dans les cas ci-dessus.

25. Les industriels et fabricants auront un droit exclusif à l'usage et à la jouissance des dénominations particulières qu'ils auront données à leurs produits.

26. Ils auront, à l'exclusion de tous autres, le droit d'appliquer à ces produits, par forme de rappel ou autrement, les récompenses et les distinctions honorifiques qui leur auraient été décernées dans des expositions ou des concours, même par des gouvernements étrangers.

27. Ils auront également la propriété exclusive des marques distinctives qu'ils auront attachées aux produits de leur fabrication, et des dessins dont ils auront les premiers fait l'application à des étoffes ou matières quelconques, à la charge néanmoins, pour les unes et pour les autres, d'en avoir fait le dépôt au bureau des conseils de prudhommes, ou, à défaut de ces conseils, au greffe du tribunal de commerce, dans les formes déterminées par un règlement d'administration publique.

L'obtention et les effets des brevets d'invention ou de perfectionnement seront réglés par une loi particulière.

28. Sauf disposition contraire des actes, les dessins, marques, dénominations et autres objets énumérés ci-dessus, feront partie du fonds de commerce d'un fabricant; — les brevets n'en feront partie, qu'autant qu'ils seront l'objet de stipulations expresses.

29. (Loi du 18 juillet 1824). Les fabricants étrangers à une ville, ou lieu de fabrication quelconque, ne pourront, sous peine de tous dommages envers les parties intéressées, donner le nom de cette ville ou de ce lieu aux produits de leur propre fabrication.

SECTION 2. — DES OUVRIERS.

—

§ 1er. DU LIVRET ET DU REGISTRE D'INSCRIPTION DES OUVRIERS.

(Lois des 14 *mars* 1851 *et* 22 *juin* 1854*).*

30. Tout ouvrier de l'un ou de l'autre sexe, attaché aux manufactures, usines, chantiers, ateliers et autres établissements industriels, même aux mines, minières et carrières, ou travaillant chez lui pour un ou plusieurs patrons, doit être muni d'un livret qui lui sera délivré par l'autorité municipale ou administrative, selon les cas, sous la perception du prix de confection, qui ne pourra pas dépasser 25 cent.

31. Les chefs et directeurs des établissements spécifiés ci-dessus n'y pourront recevoir et employer que des ouvriers porteurs de ces livrets.

32. Les chefs de l'établissement dans lequel travaillera l'ouvrier, inscriront immédiatement, au moment de son entrée et de sa sortie, la date de chacune d'elles, et au moment de la sortie l'acquit de ses engagements.

33. Ils y inscriront également, s'il y a lieu, le montant des avances dont il sera débiteur envers eux, sans que cette inscription puisse s'élever au-dessus de 30 fr., quel que soit le montant des avances.

34. Si l'ouvrier travaille habituellement pour plusieurs patrons, chacun d'eux inscrira sur le livret le jour où il lui

remet de l'ouvrage, et, lorsqu'il cesse de l'employer, l'acquit des engagements, sans aucune autre énonciation.

35. L'ouvrier qui a terminé et livré l'ouvrage auquel il s'était engagé, qui a travaillé pendant le temps réglé, soit par le contrat de louage, soit par l'usage des lieux, ou qui s'est trouvé dans l'impossibilité de continuer son travail et l'exécution de ses engagements par des causes indépendantes de sa volonté, et celui auquel le patron refuse son salaire ou de l'ouvrage, a le droit d'exiger la délivrance de son congé d'acquit, même quand il n'aurait pas acquitté les avances par lui reçues.

36. Lorsque le directeur de l'établissement ou le patron refusera de donner le congé d'acquit, le maire ou le commissaire de police, après avoir vérifié les causes du refus, inscriront eux-mêmes ce congé sur le livret.

37. Le livret restera toujours entre les mains de l'ouvrier, et il ne pourra y être fait aucune mention ou énonciation qui lui soit favorable ou défavorable.

38. Les chefs et directeurs des établissements désignés dans l'article 30 devront tenir un registre spécial sur lequel ils inséreront les nom et prénoms de l'ouvrier, les nom et domicile du chef de l'établissement qui l'aura employé précédemment, et le montant des avances dont il sera débiteur envers lui jusqu'à concurrence seulement de la somme fixée par l'article 33.

39. Ils pourront, pour le remboursement de ces avances, exercer, sur les salaires journaliers de l'ouvrier, une retenue qui ne pourra pas en dépasser le dixième.

40. Les patrons qui remettent de l'ouvrage aux ouvriers travaillant dans leur propre domicile devront aussi tenir un semblable registre sur lequel ils inscriront seulement les nom, prénoms et domicile de l'ouvrier.

41. Un règlement d'administration publique déterminera les formes de ce registre, ainsi que le mode de délivrance, de tenue, et de renouvellement des livrets.

§ 2. DU TRAVAIL A JOURNÉE ET A FAÇON.

42. (Loi du 9 septembre 1848.) La journée de l'ouvrier, employé dans les manufactures et autres établissements industriels désignés dans l'article 30, ne pourra dépasser 12 heures de travail.

43. (Loi du 7 mars 1850.) Le prix du travail à façon sera établi sur le nombre, la longueur ou le poids métriques des matières qui entreront dans la fabrication et dans les divers procédés ou mécanismes dont elle se compose.

44. Des règlements d'administration publique détermine-

ront l'application de ces bases aux diverses industries de fabrication, et, dans le cas où elles ne leur seraient pas applicables en tout ou en partie, le mode le plus propre, en s'en rapprochant le plus possible, à fixer le travail et le salaire de l'ouvrier.

Ces règlements seront affichés dans chaque usine ou lieu de fabrication où ils devront servir de régulateur.

45. Les conventions établies sur ces bases, entre le fabricant et l'ouvrier, tant pour la fabrication que pour le prix, seront inscrites sur un livre d'ordre du fabricant et sur un livret spécial de l'ouvrier et laissé entre ses mains, avec l'énonciation de toutes les conditions du mode de fabrication et celles des nombre, poids et mesure des matières brutes livrées par le fabricant et des matières fabriquées que devra lui livrer l'ouvrier.

46. L'ouvrage exécuté sera remis au fabricant et le compte de façon sera immédiatement arrêté avec lui.

Le prix du travail sera payé en argent et non autrement.

47. Toutes les dispositions ci-dessus seront applicables à tout commissionnaire ou intermédiaire quelconque, comme au fabricant lui-même.

§ 3. DU TRAVAIL DES ENFANTS.

48. (Loi du 22 mars 1841.) Les enfants ne peuvent être employés dans les usines et ateliers qu'à l'âge de huit ans accomplis.

49. Au dessous de 13 ans, ils ne peuvent être employés à un travail effectif de plus de 8 heures, divisées par des intervalles de repos, sans pouvoir jamais l'être à aucun travail de nuit. — Est considéré comme travail de nuit celui qui aurait lieu entre 9 heures du soir et 5 heures du matin.

50. Au dessous de 16 ans, ils ne peuvent être employés les dimanches et jours de fêtes.

51. Des règlements d'administration publique détermineront les exceptions, restrictions ou extensions que les dispositions ci-dessus pourront recevoir, à raison de la nature des usines, de leurs besoins accidentels, ou des cas de force majeure.

SECTION 3. — DES APPRENTIS.

(Loi du 22 février 1851).

§ 1er. DU CONTRAT D'APPRENTISSAGE.

52. Le contrat d'apprentissage est celui par lequel un fabricant, un chef d'atelier ou un ouvrier s'oblige à enseigner la

pratique de sa profession à une autre personne, qui s'oblige elle-même à travailler pour lui à des conditions et pour un temps convenus.

53. Toute personne majeure peut recevoir des apprentis à moins qu'elle n'ait été condamnée pour crime, pour attentat aux mœurs, ou à 3 mois de prison pour l'un des délits prévus par les articles 388, 401, 409, 408 et 427 du Code pénal.

Cependant, le condamné qui, depuis l'expiration de sa peine, aura résidé 3 ans dans la même commune, pourra être relevé de cette incapacité, à Paris par le préfet de police et dans les départements par les préfets, sur l'avis des maires.

54. Il est interdit à tout homme célibataire ou veuf, ou s'il est marié, vivant séparément de sa femme, de recevoir des filles mineures comme apprenties.

55. Il doit être dressé acte du contrat, soit sous seing privé, soit par devant notaire.

Il peut aussi être reçu par les greffiers de justice de paix et les secrétaires de prudhommes.

Les père et mère de l'apprenti, son tuteur ou toute autre personne dûment autorisée par ses parents ou par le juge de paix, stipuleront pour lui.

A défaut d'acte, le contrat pourra être établi par les modes de preuve admis en matière civile.

§ 2. DES DEVOIRS DU PATRON.

56. Le maître doit enseigner à l'apprenti progressivement et complètement la profession qui fait l'objet du contrat.

57. Il ne doit l'employer, sauf convention contraire, qu'à des travaux et services relatifs à cette profession et qui ne puissent jamais être ni au dessus de ses forces, ni nuisibles à sa santé comme insalubres ou autrement.

58. La durée du travail effectif ne pourra dépasser 10 heures par jour pour les apprentis âgés de moins de 14 ans, et 12 heures pour ceux de 14 à 16 ans.

59. Tous ceux au dessous de 16 ans, qui ne sauraient pas lire, écrire et compter, ou qui n'auraient pas terminé leur éducation religieuse, pourront, pour la compléter et pour acquérir les premiers degrés d'instruction qui leur manquent, disposer sur la journée de travail d'un intervalle qui ne pourra dépasser 2 heures.

60. Au dessous du même âge, ils ne pourront être employés à aucun travail de nuit; et les jours de dimanches et de fêtes légalement reconnus, ils ne pourront l'être qu'à ranger l'atelier, et ce, jusqu'à 10 heures du matin seulement.

Des arrêtés, rendus par les préfets sur les avis des maires, pourront néanmoins déroger aux dispositions du présent article.

61. Le maître doit se conduire envers l'apprenti en bon père de famille, surveiller sa conduite et ses mœurs, soit dans la maison, soit au dehors, avertir ses parents ou leurs représentants, des fautes graves qu'il pourrait commettre, des penchants vicieux qu'il pourrait manifester et les prévenir sans retard, en cas de maladie, d'absence ou de tout autre fait susceptible de provoquer leur intervention,

62. A la fin de l'apprentissage, le maître devra donner à l'apprenti un congé d'acquit et un certificat constatant l'exécution du contrat.

§ 3. DES DEVOIRS DE L'APPRENTI.

63. L'apprenti doit à son maître fidélité, obéissance et respect, et sa coopération assidue dans la mesure de son aptitude et de ses forces.

64. En cas de maladie ou d'absence d'une durée de plus de 15 jours, il devra remplacer, à la fin de l'apprentissage, le temps pendant lequel le maître a été privé de son travail.

§ 4. DE LA RÉSOLUTION DU CONTRAT.

65. L'apprentissage pourra, dans les deux premiers mois, être résolu par la volonté d'une seule des parties, et, à moins de convention contraire, sans indemnité pour aucune d'elles.

66. Après ce délai, la résolution pourra en être respectivement demandée avec indemnité :

Dans le cas, pour l'une ou l'autre des parties, de violation des stipulations du contrat, d'infraction grave et habituelle aux prescriptions des § précédents ou de condamnation à un mois de prison;

Dans le cas de mariage de l'apprenti ou d'inconduite habituelle de sa part;

Dans le cas de translation du domicile du maître dans une autre commune que celle qu'il habitait au moment du contrat;

Dans ce dernier cas, la demande en résolution ne sera recevable que dans les trois mois à dater du changement de domicile.

67. Le contrat pourra aussi être résolu, ou sa durée pourra être réduite, si elle dépassait le maximum de celle consacrée par les usages locaux.

68. Il sera résolu de plein droit dans le cas où l'une ou

l'autre des parties décéderait, serait appelée au service militaire, ou condamnée pour l'une des causes énoncées en l'article 53.

69. L'apprenti qui, en dehors des cas et des causes ci-dessus, abandonnerait l'atelier de son maître, serait passible d'une indemnité qui pourrait aussi être prononcée en tout ou en partie contre le fabricant, chef d'atelier ou ouvrier qui l'aurait détourné pour l'employer chez lui comme apprenti ou ouvrier.

SECTION 4. — Des conseils de prud'hommes.

70. Le gouvernement pourra, dans les lieux où les besoins de l'industrie lui paraîtront le réclamer, établir, par décrets rendus en forme de règlements d'administration publique, des conseils de prudhommes qui auront les attributions suivantes.

71. (Art. 6 et 12 du décret des 11 juin 1809 et décret du 20 février 1810.) Ils connaîtront, mais seulement comme arbitres dont la décision, dans le cas ou elle ne serait pas acceptée par les parties, n'a que l'effet d'un simple avis, ensuite duquel le tribunal prononce :

Des difficultés entre fabricants pour l'insuffisance de différence entre les marques nouvellement employées ou proposées et celles adoptées antérieurement ;

De celles entre les fabricants et leurs contre-maîtres, relatives aux opérations de la fabrique.

72. (11 du décret du 11 juin 1809, 12 du décret du 2 août 1810, 14 de la loi du 1er juin 1853.) Ils connaîtront, comme juges en dernier ressort, jusqu'à la somme de deux cents francs en principal et au de là de cette somme, en premier ressort seulement, de toutes les contestations entre les marchands, fabricants, chefs d'ateliers, contre-maîtres, ouvriers, compagnons et apprentis travaillant pour la fabrique du lieu ou du canton de la situation de la fabrique, suivant qu'il est exprimé dans les décrets d'institution de chacun de ces conseils, et quelle que soit la résidence des ouvriers.

73. Les membres de ces conseils seront élus par les ouvriers, chefs d'ateliers, fabricants et patrons des circonscriptions qui leur seront assignées par les décrets d'institution.

74. La composition de ces conseils et le mode d'élection de leurs membres sont réglés par une loi particulière.

TITRE III.

Des Sociétés.

§ 1er. DES DIVERSES ESPÈCES DE SOCIÉTÉS.

75. Les commerçants peuvent contracter entr'eux, en vue de certaines opérations, l'association connue sous le nom de société en participation, qui est uniquement régie par la convention des parties ou par les principes généraux du droit et n'entraîne pas, à l'égard des tiers, la solidarité des participants.

76. La loi ne reconnaît comme sociétés commerciales proprement dites que : — celle en nom collectif; — celle en commandite ; — et la société anonyme.

La société en nom collectif est celle qui est contractée entre deux ou plusieurs personnes, sous une raison sociale dans laquelle peuvent seuls entrer les noms des associés.

La société en commandite se contracte entre un ou plusieurs associés gérants, et d'autres simples bailleurs de fonds en commandite, sous une raison sociale formée du nom d'un ou de plusieurs des associés gérants, et sans que celui d'aucun des commanditaires puisse y être compris.

La société anonyme se qualifie par l'objet de son entreprise, sans pouvoir jamais porter ou comprendre le nom d'aucun de ceux qui la composent.

Elle est administrée par des mandataires à temps, révocables, salariés ou gratuits, associés ou non.

77. Le capital de la société anonyme se divise en actions et même en coupons d'actions d'une valeur égale.

La propriété de ces actions peut être établie sous la forme de titre au porteur, et dans ce cas, la cession s'en opère par la simple tradition du titre.

Elle peut l'être aussi par une inscription nominative sur les livres de la société, et alors la cession peut en être faite par déclaration de transfert inscrite sur ces livres, et signée de l'actionnaire ou de son mandataire.

Aucune de ces actions ne peut être émise, négociée ou cédée qu'après justification au gouvernement du versement réel des deux cinquièmes du capital social.

78. (31) Le capital des sociétés en commandite peut aussi

être divisé en actions, mais sans aucune dérogation aux règles particulières de cette espèce de société, et sans que les actions puissent jamais être au porteur.

§ 2. DES FORMES AUXQUELLES ELLES SONT SOUMISES.

79. (39 et 41) Les sociétés en nom collectif et en commandite, et les sociétés anonymes ne peuvent être établies que par écrit rédigé en forme authentique.

L'acte constitutif de la société anonyme doit de plus être revêtu de l'autorisation du gouvernement, donnée dans la forme des règlements d'administration publique.

80. (42) Tout acte de société doit, dans les quinze jours de sa date, être remis par extrait au greffe du tribunal de commerce, dans l'arrondissement duquel la maison de commerce est établie : et s'il y a plusieurs maisons, aux greffes des tribunaux de l'arrondissement de chacunes d'elles, pour être transcrit sur les registres à ce destinés, et être affiché dans les salles d'audiences.

Cet extrait, signé par le notaire qui a reçu l'acte, devra contenir : — la raison sociale et les noms, prénoms, qualités et demeures, des associés autres que les commanditaires ou actionnaires ; — la désignation de ceux autorisés à gérer, administrer et signer pour la société ; — le montant des valeurs fournies ou à fournir en commandite ou par action ; — l'époque où la société doit commencer et celle où elle doit finir.

81 (42 et 45) Dans le même délai de quinzaine, le même extrait sera inséré dans un ou plusieurs journaux désignés à cet effet par les tribunaux de commerce, soit au chef-lieu de leur ressort, soit dans la ville la plus voisine, avec règlement du tarif de l'impression de ces extraits.

Il sera justifié de cette insertion par un exemplaire du journal, certifié par l'imprimeur, légalisé par le maire, et enregistré dans les trois mois.

L'acte du gouvernement, portant autorisation des sociétés anonymes, devra être mentionné dans le même extrait, et affiché avec lui et pendant le même temps.

82. Toutes les formalités ci-dessus seront observées à peine de nullité à l'égard des intéressés, sans que cette nullité puisse être invoquée par eux à l'égard des tiers, ni même produire entr'eux aucun effet sur les actes accomplis antérieurement au jour où elle a été prononcée.

83. (46) Les mêmes formalités seront, sous la même peine de nullité, observées pour tout acte portant, ou continuation de la société après le terme primitivement fixé pour sa dissolution, ou sa dissolution avant ce terme, et aussi pour tout chan-

gement ou retraite d'associés, pour toute modification dans la raison sociale, et dans le pacte primitif.

§ 3. DES DROITS ET OBLIGATIONS DES ASSOCIÉS ENTR'EUX ET A L'ÉGARD DE LA SOCIÉTÉ. (*Jurisprudence*).

84. Dans les sociétés en commandite tous les associés, présents ou absents, seront obligés par les délibérations prises par la majorité en nombre des commanditaires, pourvu qu'il ne s'agisse pas de modifications au pacte social.

85. Les commanditaires pourront déléguer à une commission le droit de surveillance qui leur appartient sur les opérations de la gérance, et cette commission elle même aura le droit de prendre toutes les mesures conservatoires et de convoquer l'assemblée générale des commanditaires.

Les commanditaires pourront, à la majorité ci-dessus, révoquer le gérant, et le remplacer, en cas de démission ou de décès.

86. Dans les sociétés par action, l'associé qui, dans les six mois de l'exigibilité de tout ou partie de l'action, ne l'aura pas versée, sera réputé de plein droit y avoir renoncé et son action sera éteinte sans répétition de part ni d'autre, ni des versements antérieurement effectués, ni des dividendes ou intérêts perçus, si mieux n'aime la société contraindre, par toutes les voies de droit, l'actionnaire, ou s'il a cédé, son cessionnaire au paiement intégral de l'action.

87. Les actions représentatives de l'apport des gérants sont inaliénables pendant toute la durée de la société ou de leur gérance, et jusqu'à l'apurement de leurs comptes.

88. La part de bénéfices, qui appartient à un actionnaire, peut lui être fournie sous forme d'intérêts ou de dividendes.

89. Toute stipulation qui tendrait même indirectement à assurer aux actionnaires les intérêts de l'action au par dessus et même en l'absence de bénéfices constatés par l'inventaire annuel, est nulle, et toute perception, qui aurait pu être faite par l'associé en vertu d'une telle stipulation, est toujours et à toute époque restituable, avec intérêts du jour où elle aurait eu lieu.

§ 4. DES OBLIGATIONS DES ASSOCIÉS A L'ÉGARD DES TIERS.

90. (22) Les associés en nom collectif sont solidaires pour tous les engagements de la société, encore qu'un seul ait signé, pourvu que ce soit sous la raison sociale.

91. (23 à 28) Dans la société en commandite, les gérants

seuls sont responsables solidairement de tous les engagements de la société.

L'associé commanditaire n'est passible des pertes que jusqu'à concurrence des fonds qu'il a mis ou dû mettre dans la société.

Il ne peut faire aucun acte de gestion, ni être employé pour les affaires de la société, même en vertu d'une procuration, sous peine d'être engagé solidairement pour toutes les dettes de la société, comme s'il était associé en nom collectif.

92. (33) Dans les sociétés anonymes, les associés ne sont passibles que de la perte du montant de leur intérêt dans la société.

Les mandataires chargés de l'administration ne contractent, à raison de leur gestion, aucune obligation personnelle ni solidaire, relativement aux engagements de la société.

Ils ne sont responsables que de l'exécution du mandat qu'ils ont reçu.

93. (64) Toutes actions contre les associés non liquidateurs et leurs veuves, héritiers ou ayant cause, sont prescrites cinq ans après la fin ou la dissolution de société, si les formalités du § 2 sur la publicité des actes ont été remplies.

TITRE IV.

Des Commissionnaires.

94. (90 et 91) Le commissionnaire est celui qui, chargé d'une opération commerciale pour le compte d'autrui, la gère en son propre nom et sous sa responsabilité personnelle.

95. (77 et 78 du Code hollandais.) Le commettant n'a pas d'action contre celui avec qui l'opération a été faite, ni celui-ci contre le commettant, que le commissionnaire n'est pas même tenu de lui faire connaître.

96. (Codes français et hollandais combinés.) Le commissionnaire chargé de vendre des marchandises aura, pour les prêts, avances et paiements qu'il aurait pu faire pour son commettant, privilége sur ces marchandises ou leur prix, par préférence à tous autres créanciers, dans les cas et les termes suivants :

Si le commettant réside dans le même lieu que le commissionnaire, celui-ci n'aura privilége qu'autant qu'il se sera conformé aux dispositions du Code civil sur le nantissement.

Si les marchandises lui ont été expédiées d'un autre lieu appartenant au territoire de l'Empire, et si, n'étant pas encore vendues ni livrées, elles se trouvent à sa disposition ou possession dans ses magasins, ou dans un dépôt public, ou de toute autre manière, ou si avant leur arrivée il peut constater l'expédition qui lui en a été faite par une lettre de voiture ou un connaissement réguliers, le commissionnaire aura, de plein droit, privilége pour ses avances, intérêts et frais, et pour les obligations qu'il aurait contractées relativement à ces marchandises.

Si les marchandises lui ont été expédiées de l'étranger, il aura en outre privilége de la même manière et dans les mêmes cas, pour toutes les obligations courantes qu'il aurait contractées pour le compte de son commettant.

97. (83 du code hollandais.) Si le commettant étranger a envoyé les marchandises avec des pouvoirs limités pour la vente, ou avec ordre de les tenir à sa disposition, et s'il est en demeure de remplir les obligations pour lesquelles privilége est conféré au commissionnaire, celui-ci pourra, sur requête et sur la production des pièces nécessaires, obtenir du tribunal de son domicile l'autorisation de faire vendre ces marchandises en tout ou en partie, selon le montant de la dette, soit aux enchères publiques, soit par deux courtiers, au cours de la bourse ou du marché.

98. (84 idem.) Si le commissionnaire a acheté des marchandises pour le compte d'un commettant étranger qui soit en demeure de rembourser les avances faites pour cet achat avec les intérêts et frais, il aura, outre le droit de retention résultant du Code civil, la faculté de les faire vendre comme il vient d'être dit.

TITRE V.

Du Transport des marchandises par autre voie que celle de mer.

99. (101 et 102) Le contrat de transport de marchandises, par toute autre voie que celle de mer, est formé et constaté par une lettre de voiture.

La lettre de voiture doit être datée, et contenir : — les noms et domiciles de l'entrepreneur, du batelier ou voiturier et du destinataire; — la nature, le poids ou la contenance des objets transportés; — le prix du transport; — le délai dans lequel il doit être effectué et l'indemnité due pour cause de retard.

Elle présente en marge les numéros et marques des objets à transporter.

Elle est signée par l'expéditeur et l'entrepreneur du transport, et copiée par ce dernier sur un registre tenu par lui.

100. (95) L'entrepreneur est tenu en outre d'inscrire sur son livre-journal la déclaration de la nature et de la qualité des marchandises, et, s'il en est requis, de leur valeur.

101. (99) Tout entrepreneur est garant des faits de l'entrepreneur intermédiaire auquel il adresse la marchandise.

102. (77, 104) L'entrepreneur, le voiturier et le batelier sont tenus envers l'expéditeur, et ces derniers envers l'entrepreneur, de l'arrivée des marchandises dans le délai déterminé par la lettre de voiture, sauf le cas de force majeure légalement constaté, des avaries autres que celles provenant des vicespropres de la chose, et de la perte des marchandises.

103. (106) En cas de refus ou de contestation, pour la réception des objets transportés, leur état est constaté par des experts nommés par le tribunal de commerce ou à son défaut par le juge-de-paix, et par ordonnance au pied de la requête. Le dépôt et le sequestre des marchandises et leur transport dans un dépôt public pourront être également ordonnés.

Le voiturier ou batelier pourra aussi en demander la vente jusqu'à concurrence du prix de sa voiture.

104. (105) La réception des marchandises et le paiement de la lettre de voiture éteignent toutes actions contre l'entrepreneur, les voiturier et batelier.

105. (108) Toute action, sauf celles qui procéderaient des faits d'infidélité et de fraude, est également éteinte et prescrite, pour les expéditions à l'intérieur après six mois, à l'extérieur après un an, à compter du jour où le transport a dû être effectué, s'il s'agit de la perte de la marchandise, et de celui où la remise en a été faite au destinataire, s'il s'agit d'avaries.

106 (Décret du 22 août 1810.) Les caisses, balles et colis chargés par des entrepreneurs de transport quelconques, pour être remis dans l'intérieur, qui n'auraient pas été réclamés dans le délai de six mois à partir de leur arrivée au lieu de destination, seront, à la requête de l'administration des domaines, vendus dans les formes déterminées par un règlement d'administration publique.

TITRE VI.

Du Transport par mer.

SECTION 1re. — DE L'ÉQUIPAGE DES NAVIRES.

§ Ier. DISPOSITIONS GÉNÉRALES.

107. (250) Les conditions d'engagement du capitaine et de l'équipage sont constatées par le rôle d'équipage et par les conventions des parties.

108, (225) Le choix des matelots et autres gens de l'équipage appartient au capitaine qui devra, cependant, se concerter avec les armateurs quand il sera dans le lieu de leur résidence.

109. (215, 231) Le capitaine et autres gens de l'équipage d'un navire prêt à faire voile, qui sont à bord ou qui s'y rendent sur la chaloupe, ne peuvent être arrêtés, et le navire ne peut lui-même être saisi, que pour dettes contractées pour le voyage qui va se faire, et qu'autant qu'il n'est pas donné caution du paiement de ces dettes.

Le navire est censé prêt à faire voile quand le capitaine est muni de ses expéditions pour le voyage.

110. (251) Le capitaine et les gens de l'équipage ne peuvent, à moins qu'ils n'y soient formellement autorisés par l'engagement, charger sur le navire sans la permission de l'armateur, et sans en payer le fret.

111. (272) Les officiers et autres gens de l'équipage auront, pour le montant de leurs loyers, pour le traitement et pansement en cas de maladie ou blessure, et pour leur rachat, en cas de capture, les mêmes droits que ceux réglés au profit des matelots par le paragraphe suivant.

§ 2. DES MATELOTS.

112. (270) Les matelots peuvent être congédiés par le capitaine, même sans indemnité, jusqu'au moment de la clôture du rôle d'équipage.

Après sa clôture, le matelot congédié, qui justifierait ne l'avoir pas été pour causes légitimes, aura droit à une indemnité contre le capitaine, sans que celui-ci puisse recourir contre l'armateur.

Si le congé est donné avant que le voyage soit commencé, l'indemnité sera du tiers des loyers, et s'il l'est pendant le voyage, de la totalité de ces loyers et en outre des frais de retour.

Les matelots ne peuvent, en aucun cas, être congédiés en pays étrangers.

113 (251) Si le voyage est rompu, avant le départ du navire, par le fait du capitaine, des armateurs ou des affréteurs, les matelots loués au voyage sont payés des journées employées à l'équipement du navire; et ils retiendront, pour indemnité, les avances par eux reçues; s'ils n'en ont pas reçu, ils recevront un mois de leurs gages pour indemnité.

114. (252) Si la rupture, pour les causes ci-dessus, arrive dans le cours du voyage, ceux loués au voyage sont payés de leurs gages en entier; ceux loués au mois, le sont en proportion du temps qu'ils ont servi; et ils reçoivent de plus, pour indemnité, la moitié de leurs loyers pour le reste de la durée présumée du voyage pour lequel ils s'étaient engagés; les uns et les autres reçoivent en outre leur conduite de retour jusqu'au lieu du départ du navire, à moins que les propriétaires, le capitaine, les affréteurs ou les officiers de l'administration, ne permettent leur embarquement sur un autre navire revenant au lieu de leur départ.

115. (255-256) Si le voyage est prolongé, les matelots engagés au voyage ont droit à une augmentation proportionnelle de leurs gages; s'il est raccourci par la décharge volontaire du navire dans un lieu plus rapproché que celui désigné par l'affrètement, ils ne subissent aucune diminution.

116. (257) Ceux engagés au profit ou au fret seront indemnisés par le propriétaire ou le capitaine, si la rupture, le retard ou la prolongation du voyage arrivaient par le fait de ceux-ci : et si c'est par le fait des chargeurs, ils partageront, concurremment avec le navire, les indemnités qui lui seront adjugées, dans la proportion de leurs droits sur le fret.

Si la rupture, le retard ou la prolongation, sont occasionnées par force majeure, ils n'auront droit à aucun dédommagement ni journées.

117. (253) Si, avant le voyage commencé, il y a interdiction du commerce avec le lieu de destination du navire, ou arrêt du navire par ordre du gouvernement, les matelots n'ont droit qu'aux journées employées à équiper le bâtiment.

118. (254) Si l'interdiction ou l'arrêt arrive dans le cours du voyage, les matelots sont, en cas d'interdiction, payés en proportion du temps qu'ils ont servi :

En cas d'arrêt, ceux engagés au mois reçoivent, pendant le

temps de l'arrêt, la moitié de leurs loyers, et ceux engagés au voyage sont payés aux termes de leur engagement.

119. (258 à 260) En cas de prise, bris ou naufrage, avec perte entière du navire et des marchandises, les matelots ne peuvent prétendre à aucun loyer : ils gardent seulement les avances qu'ils peuvent avoir reçues.

Si quelque partie du navire est sauvée, les matelots engagés au fret sont payés seulement sur le fret à proportion de celui que reçoit le capitaine : ceux engagés au mois ou au voyage, sont payés de leurs loyers échus, sur les débris du navire qu'ils ont sauvé, et subsidiairement sur le fret, si les débris ne suffisent pas, ou s'il n'y a que des marchandises sauvées.

120. (261) De quelque manière que les matelots soient loués, ils sont payés des journées par eux employées à sauver les débris et les effets naufragés.

121. (262 à 264) Si le matelot tombe malade ou s'il est blessé au service du navire, il est traité et pansé aux dépens du navire.

S'il est blessé en combattant contre les pirates ou les ennemis, il est traité et pansé aux frais du navire et du chargement.

S'il est blessé à terre, étant sorti du navire sans autorisation, le traitement et pansement restent à sa charge : il pourra même être congédié par le capitaine : et, dans ce cas, ses loyers ne lui seront payés que pour le temps qu'il aura servi.

122. (265) En cas de mort d'un matelot pendant le voyage, ses héritiers auront droit :

A la part entière s'il est engagé au profit ou au fret ;

Aux loyers échus jusqu'au jour du décès, s'il l'était au mois ;

Et s'il l'était au voyage, à la moitié de ses loyers dans le cas de mort en allant, ou, au port d'arrivée, et à latotalité dans le cas de mort en revenant ;

Si le matelot avait été tué en défendant le navire, les loyers du voyage seront dus en entier, si le navire arrivait à bon port.

123. (236 à 269) En cas de capture du matelot, ses droits sont réglés ainsi qu'il suit :

S'il a été pris dans le navire, il doit être payé de ses loyers jusqu'au jour de sa capture, sans pouvoir rien prétendre contre qui que ce soit, pour le paiement de son rachat ;

S'il l'a été en mer ou à terre pour les besoins du service, tous ses gages lui sont dus, et de plus une indemnité de 600 francs si le navire arrive à bon port.

Cette indemnité sera payée par les propriétaires du navire seulement, ou concurremment avec eux, par le chargement, selon que sa mission avait pour objet le service du navire seulement ou aussi celui du chargement.

Le recouvrement et l'emploi de cette indemnité seront faits selon les formes déterminées par le règlement sur le rachat des captifs.

§ 3. DU CAPITAINE.

124. (278) Le capitaine engagé pour un voyage est tenu de l'achever, sous peine de tous dommages-intérêts envers l'armateur et l'affréteur.

125. (215 et 219) Il peut être congédié par l'armateur, même sans indemnité, à moins qu'il n'y ait à cet égard convention contraire par écrit.

Si le capitaine congédié est co-propriétaire du navire, il peut exiger le remboursement du capital que ses droits représentent, et dont le montant est déterminé par experts convenus ou nommés par le tribunal de commerce.

126. (240) Le capitaine qui navigue à profit commun sur le chargement, ne peut faire aucun trafic ni commerce pour son compte particulier, à moins qu'il n'y ait convention contraire.

En cas de contravention, les marchandises embarquées par lui pour son compte seront confisquées au profit des autres intéressés.

127. (232 et 321) Dans le lieu de la demeure de l'armateur ou de ses fondés de pouvoir, le capitaine ne peut, sans son autorisation spéciale, fréter le navire, faire travailler à son radoub, acheter des voiles, des cordages ou autres choses pour le bâtiment, ni emprunter à la grosse, sauf à ceux qui auraient contracté avec lui à exercer leur action et privilége sur la portion qu'il peut avoir au navire et au fret.

128. (233 et 322) Si quelqu'un des armateurs, après avoir frété le navire, se refusait de contribuer aux frais nécessaires pour l'expédition, le capitaine pourra, 24 heures après sommation faite aux refusants de fournir leur contingent, se faire autoriser par le juge à emprunter à la grosse pour leur compte, et sur leur portion d'intérêts dans le navire, et l'emprunt par lui ainsi fait, aura effet et privilége sur cette portion.

129. (234) Si, pendant le cours du voyage, il y a nécessité de radoub ou d'achat de victuailles, le capitaine, après l'avoir constaté par un procès-verbal signé des principaux de l'équipage, pourra, en se faisant autoriser, en France, par le tribunal de commerce, ou à défaut par le juge de paix, et à l'étranger par le consul français, ou à défaut par le magistrat du lieu, emprunter sur le corps et quille du vaisseau, mettre en

gage ou vendre des marchandises jusqu'à concurrence de la somme que les besoins constatés exigeraient, sauf ce qui sera dit relativement aux marchandises par l'article 165.

130. (236) Le capitaine qui aura, sans nécessité, pris de l'argent, engagé ou vendu des marchandises ou des victuailles, ou qui aura employé dans ses comptes des avances ou des dépenses supposées, sera responsable envers l'armement et personnellement tenu du remboursement de l'argent, ou du paiement des objets, sans préjudice de la poursuite criminelle, s'il y a lieu.

131. (237, 241) Hors le cas d'innavigabilité légalement constatétée, le capitaine ne peut vendre le navire sans un pouvoir spécial des propriétaires.

Il ne peut abandonner le navire pendant le voyage, pour quelque danger que ce soit, sans l'avis des officiers et principaux de l'équipage, et en ce cas, il est tenu de sauver avec lui l'argent, et ce qu'il pourra des marchandises les plus précieuses de son chargement, sous peine d'en répondre personnellement;

Si les objets ainsi tirés du navire sont perdus par cas fortuit, le capitaine en est déchargé.

§ 4. DE LA RESPONSABILITÉ DU CAPITAINE ET DES ARMATEURS.

132. (221, 228 222, 229) Le capitaine est responsable des fautes, même légères, commises par lui dans l'exercice de ses fonctions, et de tout manquement ou infraction aux règlements sur la conduite et la gestion du navire.

Il l'est également de toutes les marchandises dont il s'est chargé aux termes du connaissement, et hors le cas de petit cabotage, du dommage de celles qu'il aurait chargées sur le tillac de son navire, sans le consentement par écrit du chargeur.

133. (230) La responsabilité du capitaine ne cesse que par la preuve d'obstacles de force majeure.

134. (216) Tout armateur ou propriétaire de navires est civilement responsable des faits du capitaine et des engagements par lui contractés pour tout ce qui est relatif au navire et à l'expédition.

Il ne peut s'affranchir de cette responsabilité qu'en abandonnant le navire et le fret.

Le capitaine, qui est co-propriétaire du navire n'est, à ce titre, engagé, par cette responsabilité, que dans la proportion de son intérêt dans le navire; mais, dans aucun cas, il n'est admissible à faire le même abandon, pour s'en décharger.

SECTION 2. — De l'affrètement des navires.

—

§ 1er. du contrat d'affrètement.

135. (273 et 286) Le contrat d'affrétement est celui qui intervient entre le propriétaire et l'armateur d'un navire et un propriétaire de marchandises pour le transport de celles-ci. L'acte qui en est dressé est aussi qualifié du nom de charte-partie.

Il a lieu pour tout ou partie du navire, pour un voyage entier, ou pour un temps limité, au tonneau, au quintal, à forfait ou à cueillette avec désignation du tonnage.

136. (272) Il doit être rédigé par écrit et énoncer le nom et le tonnage du navire, — les noms du fréteur, du capitaine et de l'affréteur, — si l'affrètement est total ou partiel, — le prix du frêt, — le lieu et le temps convenu pour la charge et la décharge, — l'indemnité pour le cas de retard.

137. (283-290) Le capitaine qui a déclaré le navire d'un plus fort tonnage qu'il n'est, est tenu de dommages-intérêts envers l'affréteur, à moins que sa déclaration ne soit conforme au certificat de jauge, ou qu'elle n'excède pas d'un quarantième le tonnage réel.

138. (275) Si le navire est frété au mois, le fret court du jour où le bâtiment fait voile, à moins qu'il n'y ait convention contraire.

139. (274) Si le temps de la charge et de la décharge n'est pas fixé par le contrat, il est réglé suivant l'usage des lieux.

§. 2. du connaissement.

140. (281) La nature, l'espèce, la quantité et la qualité des marchandises chargées, sont constatées entre les parties par un acte qui porte le nom de connaissement.

Le connaissement doit contenir le nom et le tonnage du navire, le lieu et le temps de la charge et de la décharge; les marques et numéros des marchandises inscrits à la marge.

141. (284) Il est fait en quatre originaux au moins, un pour l'armateur, un pour le capitaine, un pour l'expéditeur, un pour le destinataire, qui doivent tous être signés par le capitaine et l'expéditeur, dans les vingt-quatre heures du chargement.

Ce dernier doit, dans le même délai, remettre au capitaine, les acquits des droits de marchandises.

142. (283) Le connaissement, rédigé dans les formes ci-

dessus prescrites, fait foi entre toutes les parties intéressées au chargement, et en cas d'assurance, entr'elles et les assureurs.

143 (284) En cas de diversité entre les connaissements d'un même chargement, celui dont le capitaine est porteur fait foi s'il est rempli de la main de l'expéditeur ou de son commissionnaire, et réciproquement celui dont ces derniers sont porteurs fait foi, s'il est rempli de la main du capitaine.

144. (281) Le connaissement peut être à ordre au porteur, ou à personne déterminée.

§ 3. DU FRET.

145. (287) Si le navire est loué en totalité et que l'affréteur ne lui donne pas toute sa charge, le capitaine ne peut prendre d'autres marchandises sans le consentement de l'affréteur, et le fret de ces marchandises profite à ce dernier seul.

146. (288) Si l'affrétement est partiel, l'affréteur qui chargerait une quantité moindre que celle convenue, paierait intégralement la totalité du fret auquel il s'est engagé, et celui qui chargerait une quantité plus grande, paierait le fret de cet excédent sur le pied de l'affrètement.

147. (309, 310) Le chargeur ne peut, en aucun cas, demander une diminution du fret, ni abandonner pour le fret les marchandises diminuées de prix ou détériorées par leur vice propre ou par cas fortuit, à moins qu'il ne s'agisse de futailles contenant vin, huile, miel, ou autres liquides qui auraient tellement coulé, qu'elles seraient vides ou presque vides.

148. (306) Le capitaine ne peut, faute de paiement du fret, retenir les marchandises sur son navire : il peut seulement, dans le temps de la décharge, en demander le dépôt en mains tierces, jusqu'à ce qu'il soit payé.

149. (305) Si, le consignataire refuse de recevoir la marchandise, le capitaine peut, par autorité de justice, en faire ordonner la vente jusqu'à concurrence du paiement de son fret, et le dépôt pour le surplus, sauf, en cas d'insuffisance, son recours pour le reliquat contre le chargeur.

150. (299) S'il arrive interdiction de commerce avec le pays pour lequel le navire est en route, et qu'il soit obligé de revenir avec le chargement, il n'est dû au capitaine que le fret de l'aller, quoique le contrat ait eu lieu pour l'aller et le retour.

151. (300) Si, dans le cours du voyage, le navire est arrêté par l'ordre d'une puissance, aucun fret ne sera dû pour le temps de la détention si le navire est affrété au mois, ni aucune augmentation de fret, s'il l'est au voyage.

152. (301) Le fret est dû pour les marchandises jetées à la mer pour le salut commun.

153. (302) Il n'est dû aucun fret pour celles perdues par naufrage ou échouement, ni pour celles pillées par des pirates ou des ennemis.

Le capitaine sera même tenu, s'il n'y a convention contraire, de restituer le fret qui lui aurait été avancé.

154. (303, 304) Si les marchandises sont sauvées du naufrage, ou si le navire et les marchandises sont rachetées, le fret doit être payé jusqu'au lieu du naufrage ou de la prise.

Si le capitaine conduit les marchandises au lieu de destination, il sera payé du fret en contribuant au rachat, sur le prix courant des marchandises au lieu de la décharge, déduction faite des frais, et sur la moitié du navire et du fret.

Les loyers des matelots n'entrent point en contribution.

§ 4. DES DROITS ET DEVOIRS RESPECTIFS DU FRÉTEUR ET DE L'AFFRÉTEUR.

155. (229) Si le capitaine trouve dans son navire des marchandises qui ne lui auraient pas été déclarées, il peut les faire mettre à terre dans le lieu du chargement, ou en prendre le fret au plus haut prix qui sera payé dans le même lieu pour les marchandises de la même nature.

156. (288) Avant le chargement du navire, l'affréteur est libre de rompre la convention, en payant au capitaine la moitié du fret convenu pour la totalité du chargement qu'il devait faire.

Cependant la totalité du fret serait due, si le navire n'avait été frété qu'en partie, et s'il partait à non charge.

157. (291) Même après le chargement et avant le départ, le chargeur pourra, si le navire a été freté à cueillette, soit au quintal, soit au tonneau, ou à forfait, retirer les marchandises en payant le demi-fret, et en outre les frais de retard et ceux de charge, de décharge, et de rechargement des autres marchandises qu'il faudrait déplacer.

158. (276) Si après le chargement, le départ est empêché par interdiction de commerce avec le pays pour lequel le navire est destiné, les conventions seront résiliées sans dommages-intérêts de part ni d'autre.

Le chargeur sera tenu des frais de charge et de décharge des marchandises.

159. (277 et 278) Si le départ du navire ou sa marche pendant le voyage, ont été arrêtés par une force majeure purement temporaire, les conventions seront exécutées dans les termes du contrat.

Pendant l'arrêt du navire, le chargeur pourra décharger les marchandises à ses frais, et à condition de les recharger ou d'indemniser le capitaine.

160. (294. 205) Si le navire est arrêté au départ, pendant la route ou au lieu de la décharge, par le fait de l'affréteur, les frais de retard seront dus par lui, et si c'est par le fait du capitaine, il sera tenu, envers l'affréteur, de dommages-intérêts à régler par experts.

161. (295) Si, pendant le voyage, les marchandises sont retirées du navire par la seule volonté du chargeur, celui-ci sera tenu de payer le fret entier et tous les frais de déplacement ; si elles le sont pour cause de faits ou de fautes du capitaine, il sera responsable de tous les frais.

162. (296-297) Si le capitaine est contraint de faire radouber le navire pendant le voyage, l'affréteur est tenu d'attendre, ou de payer le fret en entier.

Dans le cas où le navire ne pourrait être radoubé, le capitaine est tenu d'en louer un autre, et s'il ne le peut, le fret n'est dû qu'à proportion de ce que le voyage est avancé.

Si l'affréteur peut prouver, nonobstant les certificats de visite au départ, que le navire était hors d'état de naviguer au moment où il a fait voile, le capitaine perd son fret, et répond des dommages-intérêts de l'affréteur.

163. (234) En cas d'autorisation donnée au capitaine, dans les termes l'article 129, de vendre ou de mettre en gage des marchandises, l'affréteur unique ou les chargeurs divers, qui seront tous d'accord, pourront s'opposer à la vente ou à la mise en gage de leurs marchandises, en les déchargeant et en en payant le fret à proportion de ce que le voyage est avancé. A défaut de consentement d'une partie des chargeurs, celui qui voudra user de la faculté de déchargement sera tenu du fret entier sur les marchandises.

164. (234-298) Si, dans le cas ci-dessus, les marchandises sont vendues, le propriétaire ou le capitaine qui le représente, en tiendront compte à l'affréteur, sous déduction du prix du fret, d'après le cours auquel le reste, ou autre pareille marchandise de même qualité, sera vendu au lieu de la décharge, si le navire arrive à bon port ;

Si le navire se perd, le capitaine tiendra compte aux affréteurs de la valeur des marchandises, sur le pied qu'il les aura vendues et sous la déduction du fret ;

Sauf, dans les deux cas, le droit réservé aux propriétaires du navire par le § 2 de l'article 134.

165. (285) Le capitaine, qui aura remis les marchandises au consignataire, pourra exiger un reçu, sous peine, contre les

refusants, de dommages-intérêts, même de ceux de retardement.

SECTION 3. — DES AVARIES.

§ Ier. DES AVARIES EN GÉNÉRAL.

166. A défaut de conventions particulières entre les intéressés à la propriété du navire ou des marchandises, ils doivent respectivement supporter entre eux les avaries survenues dans le cours de l'exécution du contrat.

167. Les avaries sont particulières, soit au navire, soit au chargement, ou communes à tous deux.

168. Les premières sont toutes les dépenses occasionnées et les dommages soufferts, soit par le navire, soit par le chargement seuls, et notamment :

Pour le chargement, les dommages arrivés aux marchandises par leur vice propre, par tempête, naufrage, échouement ou capture, et les frais faits pour les sauver;

Pour le navire, la perte des câbles, ancres, mâts, voiles, cordages causé par la tempête ou autres accidents de mer; — les dépenses résultant de relâches occasionnées, soit par la perte fortuite de ces objets, soit par voie d'eau à réparer, soit par besoin d'avictuaillement :—La nourriture et les loyers des matelots, pendant la quarantaine, que le navire soit loué au voyage ou au mois, ou s'il est loué au voyage, pendant les réparations qu'il exige, ou pendant son arrêt et sa détention par ordre de puissance.

169. (400) Sont avaries communes, tous les dommages soufferts volontairement, et les dépenses faites d'après délibération pour le bien et le salut commun du navire et des marchandises, et notamment : — les câbles ou mâts rompus ou coupés, et les ancres et autres effets abandonnés ; — les frais de déchargement, pour alléger le navire et entrer dans un hâvre ou dans une rivière, quand le navire est contraint de le faire par tempête ou poursuite des pirates ou de l'ennemi ; — les frais faits pour remettre à flot le navire échoué, dans l'intention d'éviter la perte ou la prise; — les loyers et nourriture des matelots pendant la détention du navire par ordre d'une puissance et pendant les réparations de dommages volontairement soufferts pour le salut commun, si le navire est affrété au mois; — les pansements et nourriture des matelots blessés en défendant le navire. — Les choses données par compensation et à titre de rachat de marchandises et du navire.

170. Les unes et les autres, ne donnent lieu à dédommagement qu'autant qu'elles excèdent, les premières un pour cent de la chose endommagée, les secondes un pour cent de la valeur cumulée du navire et du chargement.

171. (404 et 405) Les avaries particulières sont supportées et payées par le propriétaire de la chose qui a souffert le dommage, ou occasionné la dépense.

Néanmoins, en cas de dommage aux marchandises provenant de ce que le capitaine n'aurait pas bien fermé les écoutilles, amarré le navire, fourni de bons guindages ou de toute autre négligence du capitaine ou des gens de l'équipage, le propriétaire de la marchandise aura son recours contre le capitaine, le navire et le fret.

172. (298) Lorsque, dans le cas de l'art. 164, le propriétaire du navire aura usé de son droit d'abandon, et que de l'exercice de ce droit résultera une perte pour ceux dont la marchandise a été mise en gage ou vendue, elle sera supportée au marc le franc sur la valeur de ces marchandises et de toutes celles arrivées à destination, ou qui ont été sauvées du naufrage postérieurement aux événements de mer qui ont nécessité la mise en gage ou la vente.

173. (401 et 402) Les avaries communes sont supportées au marc le franc de leur valeur, par la moitié du navire et du fret, et par les marchandises estimées au cours du lieu du déchargement.

174. (427) Les marchandises mises dans les barques, pour alléger les navires entrant dans un hâvre ou dans une rivière, et qui seraient perdues, viendraient à contribution sur le navire et son chargement en entier.

Si le navire était perdu, et qu'elles arrivassent ellesmêmes à bon port, elles ne supporteraient aucune répartition.

§ 2. DU JET DES MARCHANDISES A LA MER.

175. Sont aussi avaries communes, les marchandises jetées à la mer pour le salut du navire, les dommages occasionnés par ce jet à celles restées dans le navire, et les ouvertures faites par délibération, au navire, pour faciliter ce jet.

176. (410, 414) L'état des pertes et dommages résultant de ce jet, est fait dans le lieu de déchargement, à la diligence du capitaine, et par experts nommés par le tribunal de commerce, à son défaut, par le juge-de-paix, et si le déchargement a lieu dans un port étranger, par le consul de France, et dans le cas où il n'y en aurait pas, par

le magistrat du lieu. Les experts prêtent serment avant d'opérer.

(415). Les marchandises jetées sont estimées suivant le prix-courant du lieu de déchargement : leur qualité est constatée par les connaissements et les factures, s'il y en a.

177. (416 à 419) Les experts font la répartition des pertes et dommages sur les effets jetés et sauvés, et sur moitié de la valeur du fret, en proportion de leur valeur au lieu de déchargement.

Les munitions de guerre et de bouche et les hardes de l'équipage ne contribuent pas au jet : la valeur de celles qui auraient été jetées sera payée par contribution sur tous les autres effets.

178. (420 et 421) Les effets dont il n'y a pas de connaissement, ou déclaration du capitaine, et ceux chargés sur le tillac, ne sont pas payés s'ils sont jetés, sauf, pour ces derniers, le recours du propriétaire contre le capitaine.

Les uns et les autres contribuent s'ils sont sauvés.

179. (418) Dans le cas où la valeur donnée aux marchandises par le connaissement serait supérieure à celle estimée par les experts, elles contribueront pour cette valeur, si elles sont sauvées; et si elles sont perdues, elles seront payées sur le pied de leur valeur estimative.

Dans le cas où elle y serait, au contraire, inférieure, elles contribueraient pour leur valeur estimative, si elles sont sauvées, et si elles sont perdues ou endommagées, elles seront payées sur le pied de celle portée au connaissement.

180. (423) Si le jet ne sauve pas le navire, il n'y a pas contribution.

Les marchandises sauvées ne sont point tenues du paiement ni du dédommagement de celles qui ont été jetées ou endommagées.

181 (424). Si le jet sauve le navire, et si le navire, en continuant sa route, vient à se perdre, les effets sauvés contribuent au jet sur le pied de leur valeur, en l'état où ils se trouvent, déduction faite des frais de sauvetage.

182. (425) Les effets jetés ne contribuent, en aucun cas, au paiement des dommages arrivés depuis le jet, aux marchandises sauvées. — Les marchandises ne contribuent pas au paiement du navire perdu, ou réduit à l'état d'innavigabilité.

Si le navire a été ouvert en vertu d'une délibération pour en extraire les marchandises, elles contribuent à la réparation du dommage causé au navire.

183 (416) La répartition faite par les experts est rendue

exécutoire par le tribunal de commerce, et dans les ports étrangers, par le consul de France, ou à son défaut, par tout tribunal compétent sur les lieux.

184 (429) Si, depuis la répartition, les effets jetés sont recouvrés par les propriétaires, ceux-ci seront tenus de rapporter, au capitaine et aux intéressés, ce qu'ils ont reçu dans la contribution, déduction faite des dommages causés par le jet, et des frais de recouvrement.

§ 3 DE L'ABORDAGE.

185 (407) En cas d'abordage, le dommage est supporté par le navire qui l'a éprouvé, s'il est purement fortuit, — par le navire qui l'a causé, s'il provient de la faute de l'un des capitaines, — à frais communs et par portions égales, si les causes en sont inconnues ou douteuses.

SECTION 4. — DISPOSITIONS DIVERSES.

DÉCHÉANCES ET PRESCRIPTIONS.

186 (435) Les chargeurs sont déchus de toute action contre le capitaine et les assureurs, pour dommage des marchandises, s'il les ont reçues sans protestation.

Le capitaine et l'armateur sont déchus de toute action contre l'affréteur pour avaries, lorsqu'ils ont livré les marchandises et reçu le fret sans protestation.

Le capitaine qui, en cas d'abordage dans un lieu où il pouvait agir, n'a pas fait de réclamation, est également déchu.

187. (436) Les protestations et réclamations ne seront valables qu'autant qu'elles auront été signifiées dans les vingt-quatre heures, et suivies, dans le mois de leur date, d'une action en justice.

En cas d'abordage, le délai de vingt-quatre heures ne courra que du jour de l'arrivée du navire au port. (Valin).

188. (455) Sont prescrites par un an :

Les actions en paiement de nourritures fournies aux matelots de l'ordre du capitaine, ou de fournitures de bois et autres objets nécessaires aux constructions, équipement et avictuaillement du navire, à partir du jour de la livraison ;

Celles en paiement d'ouvrages et salaires d'ouvriers, à partir du jour de la réception des ouvrages;

Celles en paiement de fret, de gages et loyers des matelots, officiers et gens de l'équipage, à partir du jour où le voyage est accompli;

Celles en délivrance de marchandises, à partir du jour de l'arrivée du navire.

PRIVILÉGES SUR LE FRET, LE CHARGEMENT ET LE NAVIRE.

189. (271) Les loyers du capitaine et de l'équipage sont privilégiés sur le fret et le chargement.

190. (307-308) Ce privilége grève le chargement pendant quinze jours après la délivrance des marchandises, à moins que dans cet intervalle elles ne soient passées en mains tierces.

En cas de faillite, dans le cours de cette quinzaine, des chargeurs ou autres réclamateurs de la propriété des marchandises, il subsiste même pour les avaries qui seraient dues à l'équipage.

191. (421) En cas de jet des marchandises à la mer, il s'exerce sur la part qui leur revient dans la contribution.

192. (191-192) Sont privilégiées sur les navires, dans l'ordre suivant, et à charge des justifications prescrites pour chacune d'elles, les créances ci-après :

1° Les frais de justice et autres frais pour parvenir à la vente forcée ou volontaire du navire et à la distribution, d'après la taxe qui en sera faite ;

2° Les droits de tonnage, pilotage, cale, amarrage, bassin et avant-bassin, constatés par les quittances régulières des receveurs ;

3° Les gages du gardien et frais de garde du bâtiment depuis son entrée dans le port jusqu'à la vente ;

4° Le loyer des magasins où les agrès et apparaux sont déposés ;

5° Les frais d'entretien du bâtiment et de ses agrès et apparaux depuis son dernier voyage et son entrée dans le port ;

Ces trois dernières créances constatées par mémoires arrêtés par le président du tribunal de commerce ;

6° Les gages et loyers du capitaine et autres gens de l'équipage employés au dernier voyage, constatés par les rôles d'armement et désarmement arrêtés dans les bureaux de l'inscription maritime ;

7° Les sommes prêtées au capitaine pour les besoins du bâtiment pendant le dernier voyage, et le prix des marchandises par lui vendues pour le même objet, constatés par états arrêtés par le capitaine, appuyés de procès-verbaux signés de lui et des principaux de l'équipage, pour constater la nécessité des emprunts ;

8° Les sommes dues au vendeur du navire, celles dues aux fournisseurs et ouvriers employés à la construction s'il n'a pas encore navigué, et, s'il a navigué, celles dues pour fournitures, travaux, main-d'œuvre, radoub, victuailles, armement et équipement avant le départ du navire, le tout constaté par les mémoires, factures ou états visés par le capitaine et arrêtés par l'armateur, et dont un double aura été déposé au greffe du tribunal de commerce avant, ou au plus tard dix jours après le départ du navire ;

9° Les sommes prêtées à la grosse sur le corps, quille, agrès, apparaux, pour radoub, victuailles, armement et équipement, avant le népart du navire, constatées par contrats régulièrement dressés ;

10° Les primes d'assurances faites sur le corps, quille, agrès, apparaux, et sur armement et équipement du navire, pour le dernier voyage et constatés par polices régulières, et par extrait des livres des courtiers d'assurance ;

11° Les dommages-intérêts dus aux affréteurs pour le défaut de délivrance de leurs marchandises et pour remboursement des avaries qu'elles ont souffertes par la faute du capitaine ou de l'équipage, constatés par jugements ou sentences arbitrales.

CO-PROPRIÉTÉ DE NAVIRES.

193. (22) Tout ce qui intéresse la gestion et la propriété d'un navire appartenant à plusieurs personnes, doit être décidé à la majorité formée par une portion d'intérêt dans le navire, excédant la moitié de sa valeur.

194. S'il s'agit de la licitation, elle ne peut avoir lieu, à moins de convention contraire, par écrit, que sur la demande de propriétaires réunissant entre eux la moitié de l'intérêt total dans le navire.

VENTE VOLONTAIRE ET JUDICIAIRE DES NAVIRES.

195. (195) Toute vente de navires ou portion de navire, doit être faite par acte écrit, authentique ou sous seing-privé.

196 (193 et 194) La vente du navire au port éteint tous droits et même tous priviléges, quand elle est suivie d'un voyage en mer fait sous le nom et aux risques de l'acquéreur.

Le navire est réputé avoir fait un voyage en mer,— lorsque son départ et son arrivée auront été constatés dans deux pays différents, et trente jours après le départ, — lorsque, sans être arrivé dans un autre port, il s'est écoulé plus de soixante jours entre le départ et le retour dans le port, — lorsque, parti pour un voyage long cours, le navire aura été plus de soixante jours en voyage, sans réclamations du vendeur.

197. (196) La vente du navire en voyage ne préjudicie à aucun des droits des créanciers, qui peuvent même l'attaquer pour cause de fraude.

198. La saisie et la vente judiciaire des navires sont réglées par le Code de procédure civile.

199. (194 et 208) L'adjudication du navire en justice transmet la propriété à l'acquéreur, franche et libre de tous droits et priviléges, sauf à ceux à qui ils appartiennent à les faire valoir sur le prix.

Elle fait cesser les pouvoirs du capitaine, sauf à lui à se pourvoir en dédommagement contre qui de droit.

TITRE VII.

Du Prêt à la grosse.

200. (315 à 320) Le prêt à la grosse est celui à la garantie duquel peuvent être affectés, conjointement ou séparément, en tout ou en partie le corps et quille du navire, les agrès et apparaux, l'armement et les victuailles, le chargement et même le fret acquis.

201. (318) Le fret à faire du navire, et le profit espéré des marchandises ne peuvent être donnés en garantie : et le prêteur, en cas d'infraction à cette prohibition, n'a droit qu'au remboursement du capital sans intérêts.

202. (319) Les matelots et gens de l'équipage ne peuvent emprunter de cette manière sur leurs loyers ou voyages.

203. (320) Le prêt à la grosse confère, pour le capital et les intérêts, privilége général ou particulier sur tous ou chacun des objets sur lesquels il est fait, dans les proportions de la quotité affectée à l'emprunt.

204. (311) Il doit être fait par acte authentique ou sous seing privé.

Il doit énoncer — les noms du navire et du capitaine, du prêteur et de l'emprunteur — le capital prêté, la somme convenue pour le profit maritime et l'époque du remboursement — s'il est fait pour un voyage, pour quel voyage, et pour quel temps — les objets sur lesquels il est affecté.

205. (312) Si cet acte est fait en France, il sera, dans les dix jours de sa date, enregistré au greffe du tribunal de commerce — s'il est fait à l'étranger, il sera soumis aux formalités prescrites par l'article 129.

206. (313 et 314) S'il est stipulé à ordre, il peut être négocié par la voie de l'endossement, avec tous les effets légaux de ce mode de transmission. Néanmoins, la garantie de l'endosseur ne s'étend au profit maritime qu'autant qu'il y a stipulation expresse.

207. (320) L'affectation sur le corps et quille du vaisseau comprend, de plein droit, le navire, les agrès et apparaux, l'armement et les victuailles, et le fret acquis.

208. (328) Si le temps des risques n'est point déterminé par le contrat, il court, à l'égard des agrès, apparaux, armement et victuailles, du jour où le navire a fait voile jusqu'à celui où il est ancré et amarré au port de sa destination — et à l'égard des marchandises, du jour qu'elles ont été chargées dans le navire ou dans les gabarres pour les y porter, jusqu'à celui où elles sont délivrées à terre.

209. (316 et 317) Tout emprunt à la grosse, fait pour une somme excédant la valeur des objets sur lesquels il est affecté, peut être déclaré nul, à la demande du prêteur, s'il est prouvé qu'il y a fraude de la part de l'emprunteur.

S'il n'y a fraude, il ne sera valable que jusqu'à concurence de la valeur de ces objets, d'après l'estimation qui en sera faite ou convenue, et le surplus de la somme empruntée sera remboursable avec les intérêts au taux de la place.

210. (327) Les déchets, diminutions et pertes qui arrivent à la chose par ses vices propres, ou par le fait de l'emprunteur, ne sont pas à la charge du prêteur.

211. (325) Si les effets sur lesquels le prêt a eu lieu sont entièrement perdus, et que la perte soit arrivée par cas fortuit dans le temps et le lieu du risque, la somme prêtée ne peut être réclamée.

212. (329) L'emprunteur sur marchandises n'est pas libéré par la perte du navire et du chargement, s'il ne justifie qu'il y avait pour son compte des effets jusqu'à concurrence de la somme empruntée.

213. (327) En cas de naufrage, le paiement des sommes empruntées est réduit à la valeur des effets affectés au contrat, qui ont été sauvés, déduction faite des frais de sauvetage..

214. (432) Toute action résultant du contrat à la grosse est prescrite par cinq ans à partir du contrat.

TITRE VIII.

Des Assurances (1).

SECTION 1re. — Des assurances en général.

§ 1er. de l'objet et des formes du contrat.

215. (268 du C. hol.) Tout objet ou intérêt quelconque appréciable en argent et sujet à quelques risques, peut, à moins de prohibition expresse, former la matière d'un contrat d'assurance.

216. (255, 256) L'assurance doit être constatée par un acte écrit, signé des parties, qui porte le nom de *police*.

Toute police, à l'exception de celles d'assurances sur la vie, doit contenir : — la date du jour auquel l'assurance a été conclue — le nom de celui qui fait assurer, soit pour son compte, soit pour le compte d'un tiers — une désignation suffisamment claire de l'objet assuré — la somme pour laquelle on assure — les risques que l'assureur prend pour son compte — l'époque à laquelle le risque doit commencer et finir pour le compte de l'assureur — la prime de l'assurance — et en général toutes les circonstances dont la connaissance pourrait être d'un intérêt réel pour l'assureur.

217. (257, 258) Le contrat d'assurance subsiste dès que la convention a été arrêtée entre les parties, et les droits et obligations réciproques de l'assureur et de l'assuré commencent dès ce moment, même avant la signature de la police.

Le contrat emporte l'obligation pour l'assureur de signer la police dans le temps convenu et de la délivrer à l'assuré.

Si, en l'absence ou avant la délivrance de la police, il survient des contestations sur des clauses et conditions autres que celles dont la mention par écrit est exigée à peine de nullité, dans la police de certaines assurances, l'existence d'un commencement de preuve par écrit rendra admissible toutes les autres preuves de droit.

---

(1) Tous les articles de ce titre, pour lesquels il n'est pas fait mention d'articles correspondants du Code de commerce français, sont empruntés au Code hollandais.

§. 2. PAR QUI LE CONTRAT PEUT ÊTRE FAIT.

218. (250) L'assurance ne peut être faite que par une personne ou au nom d'une personne ayant au moment de l'acte un intérêt ou un droit dans la chose qui en fait l'objet.

219. (264, 265) L'assurance pour le compte d'un tiers peut être faite soit en vertu d'un mandat spécial, ou général, soit même à l'insu de l'assuré, à charge de mention expresse de l'un et l'autre cas.

220. (266) L'assurance faite sans mandat, et à l'insu de l'assuré, est nulle si le même objet était déjà assuré par lui, ou par un tiers muni de ses pouvoirs, avant l'époque à laquelle l'assuré a reçu connaissance de l'assurance contractée à sou insu.

221. (267) Celui qui a contracté une assurance sera considéré comme l'ayant faite pour lui-même, si la police n'exprime pas qu'elle est faite pour le compte d'un tiers.

222. (262) Si une personne est chargée de faire une assurance pour une autre, et qu'elle la tienne pour son propre compte, elle est censée assurer aux conditions qu'on lui a proposées, et, à défaut de cette indicaion, aux conditions de la place où elle aurait dû exécuter son mandat, ou si la place n'a pas été indiquée, de son domicile ou de la bourse la plus voisine.

223. (259 à 261) Si l'assurance a été conclue directement entre l'assureur et l'assuré ou son mandataire, la police devra être signée et remise par l'assureur dans les vingt-quatre heures après sa présentation, à moins qu'un plus long délai ne soit accordé par la loi, dans un cas particulier quelconque.

Si elle a été conclue par l'entremise d'un courtier d'assurance, la police signée devra être remise dans l'espace de huit jours après la conclusion du contrat.

En cas d'infraction à ces prescriptions, l'assureur ou le courtier est passible envers l'assuré des dommages intérêts qui en pourraient résulter.

§ 3. DES EFFETS DU CONTRAT.

224. (276) L'assureur n'est pas passible des avaries ou dommages causés par le fait de l'assuré; il peut même exiger ou retenir la prime, si le risque a déjà commencé.

225. (249) A moins de stipulation expresse, l'assurance ne comprend, dans aucun cas, les dommages causés directement par la nature même ou par le vice propre des objets assurés,

226. (269—270) Le contrat serait nul si, au moment où il est formé, le dommage existait déjà, et si la personne qui avait fait l'assurance, soit pour elle, soit pour autrui, en avait connaissance.

Le juge pourra déclarer que cette connaissance était acquise, lorsqu'il lui sera prouvé, d'après les circonstances, qu'il s'est écoulé, depuis le dommage, un temps suffisant pour qu'elle ait pu l'être.

En cas de doute, il pourra ordonner que les assureurs et leurs mandataires affirmeront par serment qu'ils ne l'avaient pas acquise, et, dans tous les cas, il devra ordonner le serment qui serait déféré par l'une des parties à l'autre.

227. (251) Toute déclaration fausse, ou toute réticence, même de bonne foi, par l'assuré, de circonstances connues de lui et qui eussent été de nature à empêcher le contrat ou à en modifier les conditions, si l'assureur les eût connues, le rendront également nul.

228. (253). Si l'assurance surpasse la valeur de l'objet assuré, le contrat n'est valable que jusqu'à concurrence de cette valeur.

Si la valeur entière de l'objet n'a pas été assurée, l'assureur n'est obligé, en cas de dommages, qu'en proportion de ce qui est assuré, à ce qui ne l'est pas.

Néanmoins les parties sont libres de convenir expressément, que, sans égard à la plus grande valeur de l'objet assuré, les dommages seront compensés jusqu'à concurrence de la valeur entière de la somme assurée.

229. (273 à 275). Si la valeur des objets assurés n'a pas été exprimée dans la police, elle pourra être constatée par tous les moyens de preuve.

Si elle a été exprimée, le juge pourra néanmoins, dans le cas de présomptions graves de l'exagération de cette valeur, ordonner que la justification en sera faite par l'assuré. L'assureur pourra, dans tous les cas, prouver cette exagération.

Cependant lorsque l'objet assuré a été préalablement apprécié par experts nommés par les parties, et au besoin assermentés par le juge, l'assureur ne pourra contester l'appréciations, si ce n'est en cas de fraude, et sauf les exceptions, particulières faites par la loi.

230. (281) Dans les cas de nullité du contrat d'assurance en entier ou en partie, si l'assuré était de bonne foi, l'assureur doit restituer la prime ou la portion de la prime qu'il a reçue, jusqu'à concurrence des risques qu'il n'a pas courus.

(231) Si le contrat est annulé pour dol, fraude ou mauvaise

foi de l'assuré, la prime est acquise à l'assureur, sans préjudice de l'action publique, s'il y a lieu.

232. (283) Sauf les dispositions particulières faites pour telle ou telle espèce particulière d'assurance, l'assuré est tenu d'être aussi diligent que possible, pour prévenir ou diminuer le dommage, et d'en faire part à l'assureur, aussitôt qu'il est survenu, le tout sous peine de dommages et intérêts, s'il y a lieu.

Les frais faits par l'assuré pour prévenir ou diminuer les dommages, sont à la charge de l'assureur, même s'ils excèdent, avec le dommage survenu, le montant de la somme assurée, ou si les peines prises ont été inutiles.

233. (284) L'assureur qui a désintéressé l'assuré, est subrogé de plein droit aux actions que celui-ci aurait contre les tiers à raison du dommage, et l'assuré répond de tout acte par lequel il préjudicierait aux effets de cette subrogation.

234. (285) Si, pendant le cours d'une assurance, l'assureur est déclaré en état de faillite, l'assuré pourra demander la résiliation du contrat, si mieux n'aiment les syndics donner caution suffisante de son exécution.

§ 4. DES RÉASSURANCES.

235. (271 du C. h. 342 du C. f.) L'assureur peut, en tout temps, faire, dans son intérêt, assurer par d'autres les effets qu'il a assurés, moyennant une prime inférieure ou supérieure à celle de la première assurance.

236. (252, 272 et 280) L'assuré ne peut faire, en tout ou en partie, pour le même temps et pour les mêmes risques, une nouvelle assurance d'objets dont la valeur entière aura déjà été assurée, qu'autant qu'il aurait complètement déchargé le premier assureur par une renonciation à lui notifiée, et dont il serait fait mention dans la nouvelle police, ou qu'autant que les effets de celle-ci seraient formellement restreints, au cas où l'indemnité ne pourrait pas être payée par le premier assureur, dont le contrat serait également rappelé.

237. (277) Dans le cas où contrairement à la prohibition ci-dessus, il existerait plusieurs contrats d'assurance faits de bonne foi, le premier vaudra seul, et les autres ne produiront effet qu'autant que la valeur entière ne serait pas assurée par lui.

Les assureurs postérieurs répondront alors de l'excédent, en suivant l'ordre de dates de leurs contrats.

238. (278) Si plusieurs assureurs avaient assuré sur une même police, même sous des dates différentes, au-delà de la

valeur réelle des objets, ils ne seront engagés que pour cette valeur, et chacun en proportion de la somme pour laquelle il se sera obligé.

Il en sera de même, si plusieurs assurances avaient été contractées le même jour, en vue du même objet.

239. (279) Dans les cas prévus par les deux précédents articles, l'assureur ne pourra annuler une assurance antérieure, pour valider et rendre efficaces celles postérieures.

S'il décharge les assureurs antérieurs, il est censé se mettre à leur place, dans le même ordre et pour la même somme.

S'il fait une réassurance, les réassureurs prennent sa place et dans le même ordre.

§ 5. DE LA PRESCRIPTION.

240. (432 du C. f.) Toute action résultant du contrat d'assurance pour laquelle un délai plus court ne serait pas spécialement fixé, sera prescrite par cinq ans.

SECTION 2. — DES ASSURANCES SUR LES TRANSPORTS PAR MER.

§ 1er. DE L'OBJET ET DE LA MATIÈRE DU CONTRAT.

241. (350 du C. f.) Le contrat a pour objet de garantir à l'assuré et de mettre à la charge de l'assureur, toutes pertes et dommages provenant de tempêtes, naufrages, échouement, abordage fortuit, changement forcé de route, de voyage ou de vaisseau, jets à la mer, feu, prise, arrêt par ordre de puissance, détention de guerre, représailles, et généralement toutes autres fortunes de mer.

242. (599) Ne peuvent être l'objet du contrat : — les loyers et gages de l'équipage ; — la prime ou chapeau du capitaine ; — les droits de pilotage, tonnage et autres droits ou impôts sur le navire ou les marchandises ; — les navires ou marchandises affectés antérieurement à la grosse, pour leur valeur entière ; — les objets dont le trafic est prohibé par les lois ou règlements, ni les navires nationaux ou étrangers employés à leur transport.

243. (354 du C. f., 593 du C. h.) Peuvent faire l'objet du contrat, en tout ou en partie, conjointement ou séparément : — le corps et quille du vaisseau, vidé ou chargé, armé ou non armé, naviguant seul ou accompagné ; — les agrès, apparaux, armements, victuailles, et généralement tout ce que le navire a coûté jusqu'au moment de son départ ; — la cargaison, — le profit espéré, — le fret, — les sommes prêtées à la grosse, — et la prime.

244. (335 du C. f., 394 du C. h.) L'assurance peut être faite en temps de paix ou de guerre; — avant ou pendant le voyage du navire; — pour le voyage entier, ou pour un temps limité ;— pour l'aller et le retour, ou pour l'un des deux seulement ; — sur bonnes et mauvaises nouvelles.

245. (602) La valeur entière des corps et quille du navire avec tous ses apparaux et les frais, ne peut être assurée, jusqu'à ce qu'il ait fait voile.

246. (606) Ne peuvent être assurées sous peine de nullité, les marchandises qui ne peuvent être immédiatement chargées, ni les navires qui ne sont pas encore prêts à prendre charge, ou rendus au lieu d'où les risques doivent commencer à courir, à moins que la police ne contienne la déclaration de ces circonstances, ou celle que l'assuré n'en a aucune connaissance, avec mention de la lettre d'avis ou d'ordre, ou à défaut de cette lettre, déclaration qu'elle n'existe pas et, dans tous les cas, avec mention de la dernière nouvelle que l'assuré a reçue du navire ou des marchandises.

En cas de dommage, l'assureur pourra toujours exiger de l'assuré ou de son mandataire, l'affirmation sous serment de son ignorance.

247. (603) Des navires déjà sortis, ou des marchandises déjà transportées du lieu où le risque devait commencer pour le compte de l'assureur, peuvent être assurés pourvu que l'on énonce dans la police, soit l'époque précise du départ ou du transport, soit l'ignorance de l'assuré à cet égard.

Dans tous les cas, la police doit énoncer, à peine de nullité, la dernière nouvelle parvenue à l'assuré, concernant le navire ou les marchandises, et si l'assurance est faite pour le compte d'un tiers, la date que porte sa lettre d'ordre ou d'avis, ou la déclaration expresse que l'assurance est faite sans mandat de l'intéressé.

248. (604) Si l'assuré fait, dans la police, la déclaration qu'il ignore l'époque du départ des navires, ou s'il se trouve que l'assurance a été contractée après leur départ de l'endroit d'où le risque de l'assureur a commencé, celui-ci pourra dans le cas d'avarie, exiger de l'assuré le serment qu'il ignorait le jour du départ.

249. (605) Si la police ne fait mention, ni du départ du navire, ni de l'ignorance de l'assuré sur ce point, l'assuré est censé avoir reconnu que le navire était encore dans le lieu d'où il devait partir, au départ du dernier courrier arrivé avant la conclusion du contrat, ou, s'il n'y a pas de poste régulière, à la première occasion favorable pour en faire porter la nouvelle.

250. (597, 598) La nullité prononcée par le 1er § de l'art. 226, est applicable à l'assurance d'un intérêt quelconque dont le dommage était déjà réalisé, et à celle de navires ou de marchandises déjà arrivés au lieu de destination au moment du contrat, pourvu qu'il y ait preuve ou présomption suffisante que l'assuré ou son mandataire avaient alors connaissance de ce dommage, ou l'assureur de l'arrivée à bon port.

Néanmoins, la présomption de ce 1er § n'est pas applicable à l'assuré si l'assurance est faite sur bonnes ou mauvaises nouvelles, avec indication expresse de la dernière nouvelle qu'il a reçue, ou si étant faite pour le compte d'un tiers, on constate, en cas de dommage, la date de la réception du mandat donné pour la conclure.

L'assurance, dans ces cas, ne pourra être annulée qu'autant qu'il sera prouvé que l'assuré ou son mandataire avait connaissance de la perte avant la conclusion du contrat.

§ 2. DES FORMES ET CLAUSES DE LA POLICE.

251. (592) La police doit, indépendamment des mentions exigées par l'art. 216, énoncer le nom du capitaine, le nom et la désignation du navire, et en cas d'assurance du navire, sa valeur et la désignation des matériaux et de l'essence du bois dont il est construit, ou la déclaration que l'assuré les ignore; — le lieu où les marchandises sont chargées ou doivent l'être; — le port d'où le navire a dû ou doit partir; — les ports ou rades dans lesquels il doit entrer, charger ou décharger; — le lieu d'où le risque commence à courir.

252. (595 et 650) Si l'assuré ignore sur quel navire sont chargées les marchandises qu'il attend de l'étranger, il sera dispensé de désigner le capitaine et le navire, à charge, néanmoins, de déclarer, dans la police, son ignorance sur ce point, ainsi que la date et la signature de la dernière lettre d'avis ou d'ordre qu'il a reçue.

L'assurance, d'ailleurs, ne pourra être faite dans ce cas, que pour un temps déterminé, et l'assuré devra prouver que le chargement a été fait, dans ce temps, à bord du navire naufragé ou endommagé.

253. (596) Si l'ignorance de l'assuré porte sur l'espèce de marchandises qui lui sont adressées, il lui suffira d'employer la dénomination générale de *marchandises*, et dans cette dénomination ne seront compris ni l'or ni l'argent monnoyés, ni les lingots, ni les diamants, perles et bijouteries, ni les munitions de guerre.

254. (355 du C. f.) Les marchandises susceptibles de coulage ou sujettes, par leur nature, à diminution ou détérioration

particulière, comme blés ou sels, seront spécialement désignées dans la police, sinon, les assureurs ne répondront point des dommages ou pertes qui pourront leur arriver, à moins que, lors de la signature de la police, l'assuré n'eût ignoré la nature du chargement.

255. (612) Les marchandises pourront être assurées pour la valeur entière qu'elles auront au temps et lieu de l'envoi, avec tous les frais faits à bord du navire, y compris même l'assurance, sans qu'il soit besoin de la spécification de la valeur de chaque objet.

256. (613, 614) La valeur réelle des objets assurés peut être augmentée du fret, des droits d'entrée et autres frais qui doivent être payés à l'arrivée, pourvu qu'il en soit fait mention dans la police ; cependant, si les objets n'arrivent pas à bon port, cette augmentation sera sans effet, en tant qu'elle empêcherait le paiement du fret, des droits d'entrée at autres frais, à moins, en ce qui concerne le fret, qu'il n'ait été avancé au capitaine, et que cette avance, en cas de perte ou d'avarie, soit dûment établie et prouvée.

257. (615) L'assurance du profit espéré, devra, à peine de nullité, énoncer séparément l'évaluation de ce profit, avec désignation des marchandises sur lesquelles il est espéré.

Dans le cas d'une évaluation en bloc de l'objet assuré, avec stipulation expresse que l'excédent de la valeur sera considéré comme *profit espéré,* l'assurance n'est valable que pour la valeur des objets assurés : et l'excédent réduit à la quantité du profit qu'on pourra prouver, sera évalué comme il sera dit à l'article 291.

258. (607, 608) La police d'asurance de sommes prêtées à la grosse, doit, à peine de nullité, énoncer : le nom de l'emprunteur, quand même ce serait le capitaine du navire, — le nom du navire qui fera le voyage et celui du capitaine, — la destination du navire, — l'indication de l'emploi des sommes, soit pour radoub, ou autres frais nécessaires dans le lieu du chargement, ou dans un port de relâche forcée.

Elle doit aussi exprimer séparément, la somme prêtée et le profit maritime, faute de quoi, ce dernier n'y est pas compris.

§ 3. DES CLAUSES *franc d'avaries ou d'hostilités.*

259. (646) La clause *franc d'avarie*, soit qu'on y ait ou non ajouté, *en cas d'arrivée sauve*, décharge l'assureur de tout dommage quelconque, dans le cas où les objets assurés arriveraient à leur destination, gâtés ou détériorés, et dans celui où ils auraient été vendus en chemin, ou dans un port de relâche, soit à raison de leur endommagement, soit dans la

crainte d'altération, et de communication de leur vice à d'autres objets.

Mais, dans aucun cas, elle ne le décharge des avaries communes, ni des dommages causés par naufrage, jet, prise, pillage ou autres.

259. (647 et 649) La clause *franc d'hostilités* décharge l'assureur du dommage ou de la perte causée par l'effet de violence, prise, pillage, piraterie, arrêt par ordre de puissance, représailles, déclaration de guerre, retenue ou saisie du navire, faites hostilement dans un port.

Le contrat d'assurance cesse dès que l'objet a été retardé, ou le voyage changé à raison des hostilités.

Le tout sauf l'obligation de la part de l'assureur, de réparer le dommage qui aurait eu lieu avant les hostilités.

260. (648) Si la clause *franc d'hostilités* a été accompagnée de la réserve expresse que l'assureur, malgré la prise, serait garant des pertes ordinaires, il sera tenu du dommage résultant de toute autre cause que des hostilités, jusqu'au moment où le navire sera amené dans un port.

Dans le doute sur la cause de la perte, elle sera présumée provenir des fortunes de mer et l'assureur en sera responsable.

261 (661) Si, à raison d'une guerre éventuelle ou d'autres événements, il a été convenu d'une augmentation de prime dont la quotité n'aurait pas été déterminée par la police, elle sera réglée par le juge, après rapport d'experts, et eu égard aux risques, aux circonstances et aux stipulations de la police.

§ 4 DU COMMENCEMENT ET DE LA FIN DES RISQUES.

263. (624 à 626) Les risques de l'assurance du navire courent du moment que le capitaine a commencé à charger les marchandises, et s'il part en lest, du moment où le chargement du lest est commencé.

Ils finissent vingt-un jours après l'entrée du navire dans le lieu de sa destination, ou même plus tôt, si les dernières marchandises ou les derniers effets ont été déchargés avant les vingt-un jours.

Si le navire est assuré pour l'aller et le retour, ou pour plusieurs voyages, les risques courent sans interruption, jusqu'à et y compris le vingt et unième jour après la fin du dernier voyage, ou jusqu'au déchargement de la cargaison, s'il est effectué auparavant.

263. (627, 628, 629) Le risque des marchandises commence du moment qu'elles ont été transportées sur le quai pour être chargées sur le navire, et finissent quinze jours

après l'arrivée du navire dans le lieu de sa destination, ou jusqu'au jour de leur déchargement sur le quai, s'il a été effectué avant les quinze jours.

Néanmoins, si le capitaine ou l'assuré est empêché pour des causes légitimes de faire le déchargement dans ce délai, les risques courent à la charge de l'assureur jusqu'à la fin du déchargement.

Le temps du risque court sans interruption, même dans le cas où le capitaine est dans la nécessité de décharger dans un port de relâche pour radouber le navire, et il finit dès que le voyage est légalement rompu, ou que l'assuré a donné ordre de ne pas décharger les marchandises, ou enfin, dès que le voyage est terminé.

264. (635) Si le voyage est rompu avant l'ouverture des risques, le contrat est annulé, et l'assureur tenu de restituer la prime qu'il aurait reçue, sauf à l'assuré à lui payer, dans tous les cas, un demi pour cent de la somme assurée, ou la moitié de la prime, si elle ne s'élève pas en entier à un pour cent.

265. (636) S'il est rompu après l'ouverture des risques, ils n'en continuent pas moins à courir encore pour le navire, pendant vingt et un jours, et pour les marchandises pendant quinze jours, ou pour l'un et pour l'autre, jusqu'au jour du déchargement des derniers effets et marchandises, s'il a eu lieu plus tôt.

Si la rupture du voyage, après l'ouverture des risques, a lieu avant que le navire ait levé l'ancre, ou défait les amarrages du dernier lieu de la sortie, l'assureur recevra un pour cent de la somme assurée, si la prime porte un pour cent ou plus, et la prime toute entière, si elle est au-dessous d'un pour cent.

La prime entière est toujours due lorsque l'assuré réclame un dommage quelconque.

266. (633) Les époques du commencement et de la fin des risques, pour le profit espéré, sont les mêmes que pour les marchandises.

267. (630) Pour le fret, ils commencent du moment, et au fur et à mesure que les marchandises contribuant au fret sont chargées, et ils finissent comme il est réglé pour les marchandises, par l'article 263.

268 (631) Les risques des sommes prêtées à la grosse, commencent et finissent pour l'assureur, comme ceux du prêteur, tels qu'il sont fixés par la loi, ou par la convention notifiée à l'assureur.

269. (634) Les parties peuvent, dans la police des diverses assurances, faire telle convention qu'elles jugeront convenables, sur le commencement, la durée et la fin des risques.

§ 5. DU CONCOURS DE L'ASSURANCE ET DU PRÊT A LA GROSSE.

270. (600, 601, 331 du C. f.) Si les navires ou les marchandises ne sont pas affectés à la grosse pour leur valeur entière, l'excédent et l'avarie commune qui doit être payée en cas d'arrivée à bon port, pourront seulement être assurés; et dans ce cas, s'il y a naufrage ou délaissement, le prêteur à la grosse et l'assureur partageront le montant des effets sauvés ou délaissés, en proportion de leurs intérêts réciproques, à moins cependant, que le prêt à la grosse n'ait été contracté par nécessité, ce qui lui donnerait la priorité sur l'assurance.

271. (609) Si, pendant le voyage, le capitaine est dans la nécessité d'emprunter à la grosse, le prêteur peut faire assurer le montant du contrat, lors même que les objets affectés au prêt, seraient déjà assurés.

272. (610 et 611) Lorsqu'un navire ou des marchandises déjà assurés, sont sans nécessité et uniquement dans l'intérêt de l'emprunteur, affectés à un prêt à la grosse, le prêteur est subrogé jusqu'à coucurrence de la somme prêtée, aux droits de l'emprunteur contre l'assureur.

Cependant, si le prêteur affirme sous serment n'avoir pas été averti du contrat d'assurance, les assureurs à la grosse ne seront pas libérés; mais l'assuré sera tenu, en cas de dommage, de leur céder les droits qu'en vertu de la subrogation légale, il aurait eu contre les assureurs du navire ou du chargement.

Si le prêteur exerce directement son droit contre ces derniers, les assureurs du prêt, seront libérés en restituant la prime.

§ 6. DE QUELQUES CIRCONSTANCES ACCIDENTELLES A L'EXÉCUTION DU CONTRAT.

273. (662) Si les objets assurés n'ont pas été expédiés, ou ne l'ont été qu'en quantité moindre, ou si, par erreur, ils ont été assurés au delà de leur valeur, et généralement dans tous les cas prévus par l'art. 230, l'assureur jouit d'un demi pour cent sur la somme assurée ou de la moitié de la prime, d'après les distinctions posées dans l'article 264, à moins que le contrat ou la loi, ne lui accordent spécialement une indemnité plus forte.

Celui qui a contracté une assurance pour un autre, sans indiquer son nom dans la police, ne pourra réclamer la prime, parce que l'intéressé n'aurait pas adressé les marchandises, ou ne les aurait envoyées qu'en moindre quantité.

274. (652) Si l'assurance de marchandises destinées à être

chargées sur plusieurs navires a eu lieu divisément, avec énonciation de la somme assurée sur chacun d'eux, et si le chargement est mis tout entier sur un seul navire, ou sur un nombre moindre que celui désigné au contrat, l'assureur n'est tenu que de la somme qu'il a assurée sur le navire ou les navires chargés, nonobstant la perte de tous ceux désignés, tout en conservant le droit de se faire allouer au moins un demi pour cent des sommes dont les assurances sont ainsi annulées, selon les distinctions faites dans l'article 264.

275. (642) L'assureur sur le fret n'est pas tenu de pertes éprouvées depuis le moment où le capitaine, pourvu de tout ce qui est nécessaire pour entreprendre le voyage, néglige de mettre à la voile, sans raison légitime pour l'intérêt du navire ou du chargement, à moins qu'il n'ait expressément assuré ces retards.

276. (653) Si par la volonté et le fait de l'assuré, le voyage est abrégé ou raccourci, l'assurance n'en produit pas moins son effet tout entier.

Si, au contraire, l'assuré envoie le navire dans un lieu autre ou plus éloigné que celui désigné au contrat, l'assureur est déchargé de tous risques, et la prime ne lui en est pas moins acquise.

277. (638) Tout changement de voyage ou de navire, par le fait du capitaine, ou par ordre du propriétaire du navire, dégage de toute obligation l'assureur du navire ou du fret, et également l'assureur des marchandises, s'il a lieu sur l'ordre ou du consentement exprès ou tacite de celui qui les avait assurées.

278. (639). Il y a changement de voyage, lorsque le capitaine, sans nécessité ou utilité reconnues, et sans raison valable pour l'intérêt du navire et du chargement, aborde un port hors de sa route, ou prend une autre direction que celle qu'il devait suivre.

Une déviation peu importante ne suffirait pas pour constituer le changement de voyage.

Au cas de contestation à cet égard, le juge décidera après avoir, s'il y a lieu, entendu des experts.

279. (660) Le changement de voyage, par le fait de l'emprunteur à la grosse, fait cesser l'assurance sur le prêt, à moins de convention contraire, et l'assuré à droit, néanmoins, à un demi pour cent de la somme assurée.

280. (641) L'assureur de marchandises appartenant au propriétaire du navire sur lequel elles sont chargées n'est pas tenu des dommages provenant du changement volontaire du navire, de route ou de voyage, à moins de convention contraire.

Il ne l'est pas davantage de ceux causés par la fraude ou la baraterie du capitaine.

281. (640) L'assureur sur le navire et le fret n'est pas tenu des dommages provenant de cette dernière cause, à moins de convention contraire, et même toute convention de cette nature serait entièrement nulle si le capitaine était seul propriétaire du navire ; s'il en était co-propriétaire, elle serait nulle dans la proportion de ses droits.

282. (659) L'assureur sur le prêt à la grosse n'est pas responsable de la fraude de l'emprunteur, à moins de stipulation contraire.

283. (392 et 393 du C. F.) En cas de changement du navire pour cause d'innavigabilité reconnue de celui sur lequel le chargement a été fait, l'assureur court les risques des marchandises chargées sur le nouveau navire jusqu'à leur arrivée et déchargement.

Il est en outre tenu de l'excédent du fret, des avaries, frais de déchargement, magasinage, rembarquement, et de tous autres qui auraient été faits pour sauver les marchandises, jusqu'à concurrence de la somme assurée.

§ 7. DES OBLIGATIONS DE L'ASSURÉ.

284. L'assuré est tenu sous peine de dommages intérêts, de communiquer sans délai à l'assureur, ou, s'il y en a plusieurs sur une même police, au premier signataire, toutes les nouvelles reçues par lui concernant tout sinistre arrivé aux objets assurés, et de donner aux assureurs, s'ils le requièrent, copies ou extraits des lettres qui les contiennent.

285. (655, 656) En cas de naufrage ou d'échouement, de prise ou d'arrêt, il est tenu, tant qu'il n'a fait le délaissement, de faire toute diligence pour sauver ou réclamer les objets assurés, sans qu'il ait besoin, à cet effet, de la procuration des assureurs, auxquels il aura même droit de réclamer toutes avances nécessaires pour faire face au sauvetage et aux réclamations.

L'assuré qui, dans ce cas, a chargé son correspondant, ou une maison ou personne quelconque jouissant de quelque crédit, de veiller au sauvetage, et de faire les réclamations à l'étranger, n'est pas responsable de l'exécution de ce mandat, il n'est tenu qu'à céder à l'assureur ses droits et actions contre son mandataire.

286. (657) En cas de prise ou d'arrêt illégitimes, l'assuré est tenu de réclamer, même quand la police ne désignerait pas la nation à laquelle appartient le propriétaire des objets assurés, à moins qu'il n'en soit dispensé par stipulation expresse.

287. (658) Le jugement d'un tribunal étranger, qui confisque, comme n'étant pas neutres, des objets assurés comme tels, ne suffit pas pour décharger l'assureur, si l'assuré peut prouver qu'ils étaient réellement neutres, et qu'il a, devant ce tribunal, employé tous les moyens, et produit toutes les pièces en son pouvoir, pour prévenir la déclaration de bonne prise.

§ 8. DE L'ESTIMATION DU DOMMAGE.

288. (619) La valeur du navire pourra, lors même qu'elle aurait été entièrement expertisée, être diminuée par le juge sur rapports d'experts ; — si le navire a été estimé dans la police pour le prix d'achat et de construction, et qu'il ait été diminué de valeur par vétusté ou par suite du service qu'il a fait ; — si, ayant été assuré pour plusieurs voyages, il a péri après en avoir fait un ou plusieurs dont le frèt aurait été perçu.

289. (623) Si l'assurance est faite au retour d'un pays où le commerce ne se fait que par troc, la valeur des marchandises assurées est réglée d'après le prix qu'ont coûté celles données en échange, augmenté des frais de transport.

290. (651) En cas d'achat, par le capitaine, pour son compte ou pour celui du navire, de marchandises qui ont été endommagées, il est tenu de justifier de leur achat, et de représenter à l'assureur le connaissement signé de deux des principaux de l'équipage.

291. (621-622) Le profit espéré s'établit par les prix courants reconnus, ou à défaut, par déclaration d'experts constatant le gain qu'on en aurait pu raisonnablement espérer, si les marchandises étaient arrivées à leur destination.

Si la somme déclarée dans la police était supérieure à celle de l'évaluation ainsi établie, cette dernière seulement pourra être exigée par l'assureur, et si les objets assurés n'avaient dû produire aucun profit, il n'aura rien à réclamer.

292. (616, 717) Le montant du fret est prouvé par les connaissements et chartes parties, et il est réglé par experts pour les marchandises appartenant au propriétaire du navire.

Il est réduit, en cas de perte ou échouement du navire, de tout ce que le capitaine et l'armateur peuvent eux-mêmes dans ce cas, retenir aux gens de l'équipage sur leurs loyers.

293. (643) Si l'assurance porte sur des objets susceptibles de coulage ou de liquéfaction, tels que vin, eaux-de-vie, huile, miel, poix, goudron, sel, sucres, l'assureur ne sera passible du dommage provenant de ces causes, qu'autant qu'ils auront été occasionnés par secousses, naufrages ou échouement, ou par déchargement et rechargement

du navire dans un port de relâche forcée, et même, dans ce cas, on déduira du dommage tout ce que, d'après avis d'experts, de pareilles marchandises perdent ordininairement.

294. (644) Lorsque l'assurance faite, sous la dénomination générale de *marchandises*, ou sur l'intérêt quelconque de l'assuré, comprend des objets susceptibles d'une prompte détérioration ou diminution, l'assureur n'est pas tenu de la partie de dommage résultant de cette cause que les coutumes du lieu de l'assurance réputent n'être pas à sa charge ; et, en cas de contestation à cet égard, le juge décidera après rapport d'experts.

L'assureur sera même entièrement libéré, si, parmi ces marchandises, il s'en trouve qui ne sont ordinairement assurées dans le lieu où l'assurance a été contractée, que franc d'avaries de coulage et de liquéfaction.

295. (643) Dans le cas où des marchandises de l'espèce dont s'agit dans l'article précédent, seraient nominativement mentionnées dans la police, sans aucune stipulation pour l'avarie, l'assureur n'est pas tenu de celle qui n'excède pas trois pour cent.

§ 9. DU DÉLAISSEMENT.

296. (663, 664, 665) L'assuré peut délaisser à l'assureur les navires ou les marchandises faisant l'objet du contrat dans les cas — de naufrage — d'échouement avec bris — de perte ou détérioration équivalente au moins aux trois quarts de la somme assurée — d'innavigabilité par fortune de mer, si les frais nécessaires pour réparer et renflouer le navire excédent les trois quarts de la somme pour laquelle il a été assuré — d'arrêt par une puissance étrangère, ou même par le gouvernement national avant le commencement du voyage — et de prise.

297. (665) En cas d'échouement, d'arrêt ou de prise, l'assuré peut faire immédiatement le délaissement, si l'assureur néglige ou refuse de faire les avances nécessaires pour les frais de sauvetage ou de réclamation, lors même que ces frais, joints au montant du dommage, excéderaient la somme pour laquelle l'assurance a été faite.

En cas de contestation sur le montant des avances à faire, le juge prononcera.

298. (667) L'assuré peut faire le délaissement, même sans être tenu de prouver la perte du navire, si depuis le jour de son départ, ou celui auquel se reportent les derniers avis, il s'est écoulé, sans qu'on en ait reçu aucune nouvelle ;

Six mois pour les voyages des ports de l'empire vers des ports ou côtes de l'Europe, ou vers ceux d'Asie ou d'Afrique, dans la Méditerranée et la mer Noire, et réciproquement;

Un an pour les voyages des ports de l'empire vers Madère, les Indes-Orientales, îles Açores, Canaries ou autres îles ou côte de l'Afrique, ou à l'Est de l'Amérique, et réciproquement;

Dix-huit mois pour ceux des ports de l'empire vers les autres parties du monde, et réciproquement.

En cas de voyage entre des ports situés tous deux hors de l'empire, le délai sera réglé d'après la distance entre ces ports, qui se rapprochera le plus des dispositions ci-dessus.

Il suffira, dans tous les cas, que l'assuré affirme, s'il en est requis, n'avoir reçu aucune nouvelle directe ou indirecte du navire assuré, ou de celui sur lequel sont chargées les marchandises assurées, sauf néanmoins la preuve du contraire.

299. (668) En cas de prise ou d'arrêt, le délaissement peut être fait, si les navires ou les marchandises pris ou arrêtés ne sont pas relâchés ou restitués dans les délais fixés par l'article précédent, à raison de la distance du lieu de l'arrêt ou de la prise, et à compter du jour où l'assuré en a reçu la nouvelle.

300. (669) Lorsque des navires déclarés innavigables, ou des marchandises détériorées, ont été vendus en route, l'assuré pourra délaisser ses droits à l'assureur si, nonobstant ses diligences, il n'a pas reçu le prix des objets vendus dans les délais déterminés par l'article 298, le tout à raison de la distance du lieu de la vente, et à compter du jour de la réception de la nouvelle du sinistre.

301. (670 à 672) Le délaissement sera signifié à l'assureur, pour les cas des trois articles précédents, dans le délai de trois mois après l'expiration des délais fixés par ces articles, et pour les autres cas dans les délais mentionnés dans l'article 298, d'après la distance du lieu où le sinistre est arrivé, et à compter du jour de la nouvelle qui en aura été reçue.

Ces délais passés, le délaissement ne sera plus recevable.

302. (674) Si l'assurance en a été faite pour un temps limité, la perte du navire sera, après l'expiration des délais de l'article 298, présumée arrivée dans le temps de l'assurance.

Cependant, s'il est prouvé, par la suite, que la perte avait eu lieu hors du temps de l'assurance, l'indemnité payée par l'assureur lui sera restituée avec les intérêts légaux.

303. (673, 675, 676) Dans le cas où le délaissement peut être fait, l'assuré est tenu de signifier à l'assureur les avis qu'il a reçus, dans les cinq jours de leur réception, sous peine de dommages-intérêts.

Il est tenu, en faisant le délaissement :

De notifier à l'assureur tout ce qu'il a fait pour le recouvrement des objets assurés, et de désigner les personnes ou les correspondants par lui employés à cette fin ;

De déclarer toutes les assurances faites et l'argent emprunté sur les objets assurés; faute de quoi le délai du paiement, qui doit courir du jour du délaissement, sera suspendu jusqu'à celui où il fera notifier cette déclaration, sans qu'il en résulte aucune prorogation du délai dans lequel le délaissement lui-même doit être fait.

Si la déclaration était frauduleuse, l'assuré serait déchu du bénéfice de l'assurance.

304. (677) Le délaissement ne peut être partiel ni conditionnel. Si les objets assurés ne le sont pas pour leur valeur entière, et qu'ainsi une partie des risques soit restée à la charge de l'assuré, il ne peut être fait que jusqu'à concurrence de ce qui est assuré, en proportion de ce qui ne l'est pas.

305. (678 à 680) Si l'époque du délaissement n'est pas fixée par le contrat, l'assuré devra payer le montant de l'assurance et les frais, six semaines après la signification du délaissement, avec intérêts à partir de cette époque.

Les effets délaissés appartiennent à l'assureur à partir de la signification du délaissement, sauf la portion afférente à l'assuré dans le cas de l'article précédent.

Ces effets restent affectés au paiement jusqu'à ce qu'il ait été fait.

§ 10. DES OBLIGATIONS DES COURTIERS D'ASSURANCES MARITIMES.

306. Les courtiers d'assurances maritimes sont tenus : — De remettre à l'assureur, ou s'il y en a plusieurs, au premier d'entre eux, dans les vingt-quatre heures au plus tard après la conclusion du contrat, si la police n'a pas encore été rédigée et remise, une note certifiée par eux, contenant l'indication des objets assurés, la somme pour laquelle on a assuré, la prime et les conditions de l'assurance : cette note entre les parties aura l'effet d'un commencement de preuve par écrit ; — D'insérer d'une manière claire et distincte dans la police

toutes les conditions du contrat et les déclarations qui y sont relatives, ainsi que tout ce que la loi exige comme étant de l'essence de ce contrat;—D'inscrire exactement dans un registre particulier la copie des polices négociées par leur entremise.

307. (682) Si la prime n'a pas été payée lors de la signature de la police, le courtier par l'entremise duquel l'assurance a été contractée, est personnellement tenu de la payer, sauf néanmoins le recours de l'assureur contre l'assuré lui-même, à moins que celui-ci ne prouve qu'il a payé la prime au courtier; cependant l'assureur reste en tout cas, obligé envers l'assuré.

Le courtier n'est pas obligé au paiement de la prime s'il a été convenu, dans la police, de ne pas la payer immédiatement.

308. (683) Si l'assuré a payé la prime au courtier, et si le courtier a fait faillite dans le mois qui suit le paiement, l'assureur a, pour le remboursement de cette somme, un privilége qui prime celui de tout autre créancier du courtier, excepté toutefois les frais de faillite.

309. (684) Le courtier, qui a payé la prime à l'assureur, n'est pas tenu de remettre la police qu'il tient en main à l'assuré, tant que celui-ci ne lui a pas remboursé ses avances.

Si l'assuré fait faillite, et que la police se trouve encore entre les mains du courtier, celui-ci a le droit de recevoir l'indemnité due par l'assureur, afin de se rembourser du montant de la prime, sauf son obligation de remettre le surplus à la masse du failli.

310. (685) Si la police a été délivrée à l'assuré, mais qu'il n'ait pas reçu, avant sa faillite, l'indemnité entière due par l'assureur, le courtier, qui a avancé la prime, est préféré à tout autre créancier pour être payé sur le montant de l'indemnité, sans distinguer si le dommage est survenu avant ou après la faillite.

311. (681) Les courtiers sont aussi tenus, sous peine de dommages-intérêts, —de recueillir dans le même registre, où ils doivent inscrire les polices, et de relater succinctement les notes, papiers et documents qu'ils ont remis aux assureurs lors de la demande en indemnité, comme aussi les avis et lettres qui ont été communiqués aux assureurs par leur intermédiaire, pendant et après la durée du contrat, —d'en donner copie certifiée par eux, autant de fois que l'assureur ou l'assuré l'exigeront; — de remettre, en cas d'indemnité, à celui des assureurs, qui a signé le premier la police, l'état du dommage avec un inventaire des pièces justificatives, certifié par eux.

SECTION 3. — Des assurances sur les transports par autre voie que celle de mer.

312. (686) Indépendamment des mentions exigées par l'art. 256, la police de ces assurances doit énoncer les noms du voiturier, du batelier, de l'entrepreneur du transport,—le délai dans lequel le voyage doit être fait, aux termes de la lettre de voiture, — s'il doit être fait avec ou sans intervalle.

313. (688) Les risques de l'assureur commenceront aussitôt que les marchandises seront portées près de la voiture et du bateau, au bureau, ou tel autre lieu où l'on est accoutumé de remettre les effets pour le transport, et ils finiront dès qu'elles seront arrivées au lieu de leur destination, et remises à leur adresse ou à la disposition de l'assuré ou de son mandataire.

314. (690) Si le temps du trajet est déterminé par la lettre de voiture, et qu'il en soit fait mention dans la police, l'assureur n'est pas tenu à indemnité pour les dommages qui ont eu lieu après le délai dans lequel les effets auraient dû être transportés.

315. (689, 691) En cas d'assurance d'effets qui doivent être transportés par terre et par eau alternativement, les risques de l'assureur continueront, même dans le cas où les effets seraient chargés en voyage sur d'autres voitures et bateaux; mais ils ne comprendront pas les dommages résultant d'un trajet effectué par des voies extraordinaires, ou peu communes.

316. (692) Il en sera de même en cas d'assurance d'effets à transporter par rivières ou eaux intérieures, lorsqu'ils sont chargés sur d'autres bateaux, à moins que le contrat d'assurance ne soit fait pour des effets à charger sur un bateau déterminé ; dans ce dernier cas, les risques continueront néanmoins pour le compte de l'assureur, si le chargement sur d'autres bateaux a lieu, afin de remettre le navire à flot lorsque la marée est basse, ou pour d'autres motifs impérieux.

317. (693) En cas d'assurance d'objets à transporter par terre, l'assureur est tenu des pertes et dommages causés par la faute ou la fraude de ceux qui sont chargés de recevoir, de transporter ou de remettre les effets.

318. (687, 694, 695) Les parties pourront, par conventions particulières, déroger aux dispositions ci-dessus.

Pour les cas non prévus par la présente section, les assurances qui en font l'objet seront régies par les règles de la section précédente, dont le § relatif au délaissement, leur sera spécialement applicable.

SECTION 4. — ASSURANCES DIVERSES.

§ 1er. ASSURANCES CONTRE L'INCENDIE.

319. Ces assurances peuvent avoir pour objet des meubles ou des immeubles.

Pour les uns et pour les autres, les polices doivent, indépendamment de la valeur des objets assurés, et des mentions prescrites par l'art. 256 indiquer : — pour les meubles et marchandises, la nature, la situation, les tenants et aboutissants des bâtiments et locaux ou ces objets assurés sont placés ou emmagasinés ; — pour les immeubles, leur usage, leur situation, leurs tenants et aboutissants, ainsi que la nature et l'usage des bâtiments adjacents, en tant que cela peut influer sur le contrat.

320. (296) Dans la police des assurances mobilières, les expressions *biens-meubles*, *mobilier*, *meubles* et *meubles-meublants* auront, à défaut de stipulations particulières, la signification qui leur est donnée par le Code civil.

321. (295) Pour les mêmes assurances, à défaut et en cas d'insuffisance des preuves voulues par l'article 229, le serment peut être déféré à l'assuré.

Les dommages seront évalués selon la valeur des objets au moment de l'incendie.

322. (288) L'assurance de propriétés bâties mentionnera si, en cas de dommages, l'assuré sera remboursé par une indemnité, ou si les propriétés seront rebâties ou réparées jusqu'à concurrence de la somme assurée.

323. Dans le premier cas, la perte sera évaluée par la comparaison de la valeur du bâtiment avant le dégât, avec la valeur de ce qui en restera après l'incendie, et alors les dommages seront acquittés en argent.

Dans le même cas, si la valeur estimative du bâtiment total était inférieur à celle évaluée par la police, et sur laquelle la prime a été fixée et perçue, la prime sera réduite au taux de la valeur estimative, et l'excédent perçu par l'assureur sera restitué par lui, avec les intérêts capitalisés tous les ans, sans que cette restitution puisse remonter au delà des quinze dernières années de la perception de la prime, si l'assurance a été faite depuis cette époque par l'assureur, au moment du sinistre, même par des polices différentes et successives. *(Disposition nouvelle et nécessaire.)*

324. Dans le second cas, l'assuré est tenu de rebâtir ou de réparer. L'assureur a le droit de veiller à ce que la somme qu'il doit payer soit réellement employée à cette fin, dans un temps donné que le juge fixera au besoin, et le juge pourra

même, sur la demande de l'assureur, ordonner à l'assuré de donner caution suffisante, s'il y a lieu.

325. (289) Les objets pourront être assurés pour leur entière valeur.

Lorsqu'on conviendra de faire reconstruire, il sera stipulé par l'assuré que les frais nécessaires au rétablissement seront supportés par l'assureur : néanmoins, l'assurance ne pourra excéder, dans aucun cas, les trois quarts de ces frais.

326. (290). Seront pour le compte de l'assureur, toutes les pertes et tous les dommages survenus aux objets assurés, par suite d'incendie, occasionné par l'orage ou quelqu'autre accident, par le feu, par négligence, la faute ou la méchanceté de domestiques, voisins, brigands et autres, de quelque manière que l'incendie ait commencé, avec ou sans préméditation, naturellement ou d'une manière extraordinaire, sans aucune exception.

327. (291) Le dommage qui est considéré comme la suite de l'incendie, est assimilé à celui que l'incendie a causé directement, quand même il proviendrait de l'incendie de bâtiments voisins, comme par exemple, les dégâts de l'objet assuré par l'eau et tout autre moyen d'arrêter le feu, la perte par vol ou autrement pendant l'extinction du feu et le tumulte, ainsi que le dommage occasionné par la démolition partielle ou totale de l'objet assuré, faite par ordre supérieur, afin de prévenir les progrès de l'incendie.

328. (292) Est assimilé aux dommages causés par incendie, celui qui provient d'une explosion de poudre, d'une machine à vapeur, de la foudre, etc., quand même ils n'auraient pas occasionné l'incendie.

329. (293) L'obligation résultant de l'assurance cessera, lors qu'un édifice assuré recevra une autre destination, qui augmentera les risques de l'incendie de manière telle, que s'il eût eu cette destination avant l'assurance, l'assureur ne l'aurait pas contractée, ou ne l'aurait contractée qu'à d'autres conditions.

330. (294) L'assureur est déchargé de l'obligation d'indemniser, s'il prouve que l'incendie a été causé par la faute grave ou la négligence de l'assuré lui-même.

331. (297 et 298) S'il a été convenu par une hypothèque, entre le débiteur et le créancier, qu'en cas de dommage survenu à l'immeuble grevé, assuré ou à assurer, les deniers provenant de l'assurance remplaceront l'hypothèque jusqu'à concurrence de la créance et des intérêts, l'assureur, à qui cette convention a été signifiée, sera tenu de liquider l'indemnité due avec le créancier hypothécaire, si toutefois celui-ci eût été utilement colloqué, dans le cas où il n'y aurait pas eu de perte.

§ 2. ASSURANCES SUR LES PRODUITS DE L'AGRICULTURE.

332. (299) La police doit énoncer, indépendamment des mentions exigées par l'article 256, la situation, les tenants et aboutissants, et le mode d'exploitation et de culture des terres, dont les produits sont assurés.

333. (300) L'assurance pourra être contractée pour une ou plusieurs années; — à défaut de temps fixé, elle est censée contractée pour un an.

334. (301) Pour évaluer le dommage, on calculera quelle aurait été la valeur des fruits, si le désastre n'était pas survenu au temps de la récolte, ainsi que l'usage dont ils peuvent être et la valeur qu'ils ont encore après le désastre.

L'assureur paiera la différence comme indemnité.

§ 3. ASSURANCES SUR LA VIE.

335. (302) La vie d'une personne pourra être assurée au profit de quelqu'intéressé que ce soit, pour un temps qui sera fixé dans le contrat, à peine de nullité.

336. (303) L'intéressé pourra contracter l'assurance, même à l'insu ou sans le consentement de celui dont la vie est assurée.

337. (304) La police contiendra : — Le jour du contrat ; — le nom de l'assuré ; — le nom de la personne dont la vie est assurée ; — l'époque où les risques commenceront et finiront pour l'assureur ; — la somme pour laquelle on a assuré ; — la prime de l'assurance.

338. (305) L'évaluation de la somme et la détermination des conditions de l'assurance sont laissées à la volonté des parties.

339. (306) Si la personne, dont la vie est assurée, était déjà morte au moment du contrat, la convention est nulle, lors même que l'assuré n'aurait pas été instruit du décès, à moins de convention contraire.

340. (307) L'assurance est encore nulle, si celui qui a fait assurer sa vie se rend coupable de suicide ou est puni de mort.

§ 4. ASSURANCES MUTUELLES.

341. (286) Les sociétés d'assurances mutuelles sont régies par leurs statuts et règlements particuliers, et en cas d'insuffisance par les dispositions du présent titre.

TITRE IX.

Des Billets de commerce.

SECTION 1re. — DE LA NATURE ET DES CONDITIONS GÉNÉRALES DE CES BILLETS.

342. La loi ne reconnaît comme billets de commerce, et ne règle spécialement comme tels, que le *billet à ordre et la lettre de change.*

Tous autres qui seraient souscrits, même entre commerçants, sont uniquement régis par les dispositions générales du droit civil ou commercial.

343. Le billet à ordre est celui dont le souscripteur s'oblige à payer lui-même le montant à son domicile ou à tout autre, à l'ordre de celui au profit duquel il est souscrit.

344. La lettre de change est le billet dont le souscripteur que l'on qualifie aussi de nom de *tireur*, charge un tiers, auquel on donne le nom de *tiré*, d'en payer le montant dans une autre place.

Elle peut être tirée pour le compte du tireur lui-même ou d'un tiers, et être payable à un autre domicile que celui du tiré.

Elle peut être stipulée payable au tireur lui-même ou à son ordre.

345. Indépendamment de la signature et de la date, ces billets doivent énoncer : — les noms de ceux au profit desquels ils sont souscrits, — la nature de la valeur par eux fournie, soit en espèces, en marchandises, en compte ou autrement, — l'échéance du paiement.

La lettre de change doit, de plus, contenir les noms et domicile du tiré et l'indication des lieux et places d'où elle est tirée, et où elle doit être payée.

346. (112 et 102 C. h.) Toute supposition de l'un ou l'autre de ces lieux, de domicile ou de nom, réduit la lettre de change aux effets d'une simple obligation civile.

Néanmoins, ceux qui connaissaient ces suppositions ne peuvent s'en prévaloir à l'égard de ceux qui n'en ont pas été avertis.

347. (113, 114) Les lettres de change souscrites par des femmes mariées non commerçantes, ou par des mineurs non autorisés à faire le commerce, ne constituent que des obligations civiles.

348. (637) Il en est de même des signatures apposées par des individus non négociants, soit à des lettres de change, réputées simples obligations civiles, soit à des billets à ordre, à moins qu'elles n'aient pour cause des opérations de commerce, de courtage, ou de banque.

DE L'ENDOSSEMENT.

349. (135 et 137 du C. hol.) La propriété des billets, peut, jusqu'au jour de l'échance, être successivement transmise par un simple ordre de paiement inscrit sur le billet même, et qui a reçu le nom d'*endossement*.

Après l'échéance elle ne peut plus l'être que par un acte de cession dans les formes du droit civil.

350. (134) L'endossement doit être daté, signé, et contenir le nom de celui au profit duquel il est fait, et l'indication de la valeur par lui fournie, comme il a été dit pour les billets.

351. (125 et 138, C. hol.) A défaut d'aucune de ces menmentions et conditions, l'endossement n'est pas translatif de propriété : il ne vaut que comme procuration, à l'effet de demander paiement même en justice.

Néanmoins, la simple signature en blanc est réputée emporter renonciation à la règle ci-dessus et transmission de la propriété.

352. (139 C. c. et 137 C. h.) Toute antidate de l'endossement est interdite sous peine de dommages-intérêts, et même de faux, s'il y a lieu.

Le faux, dans ce cas et dans celui de tous autres faux qui pourraient être commis sur des lettres de change, ne porte aucune atteinte aux droits des tiers de bonne foi, à l'égard des endosseurs antérieurs ou postérieurs.

§ 3. DU CAUTIONNEMENT OU AVAL.

353. (140, 142 C. c. et 130, 132 C. h.) Le paiement des billets peut être cautionné par un tiers, soit dans un acte séparé, et même par lettre missive, soit sur le corps même du billet et par la seule inscription des mots, *pour aval,* duement datés et signés.

La caution est obligée solidairement avec le souscripteur et les endosseurs antérieurs, et peut être poursuivie par les mêmes voies, sauf conventions contraires des parties.

§ 4. DE L'ÉCHÉANCE ET DU PAIEMENT.

354. (109, 135, 157) L'échéance peut être à jour fixe, — à vue ou présentation, — en foire, — à un ou plusieurs jours, mois ou usances de date ou de vue.

L'échéance en foire est le jour même de la foire, si elle n'a qu'un jour, et la veille de la clôture, si elle en a plusieurs.

Les mois sont ceux du calendrier grégorien.

L'usance est de trente jours, à partir de la date du billet.

L'échéance est de rigueur, et aucun délai, pour le paiement, ne peut être accordé par le juge.

355. (144, 146, C. c. et 156 C. h.) Le porteur ne peu être contraint de recevoir paiement avant l'échéance, et en ca d'anticipation ou d'escompte, le débiteur reste responsablt envers les tiers de la validité de sa libération.

356. (149) Il ne peut être fait d'opposition au paiement qu'en cas de faillite du porteur ou de perte du billet.

357. (143, 156) Le paiement fait à l'échéance et sans opposition, libère les débiteurs et les endosseurs; s'il n'est que partiel, il ne libère que jusqu'à concurrence.

358. (143 C. c. 156 C. h.) Le paiement doit être fait en monnaie nationale, à moins qu'une autre ne soit indiquée au billet. Si celle indiquée n'avait pas cours légal au lieu du paiement, et si le billet n'indiquait pas le cours auquel le paiement devait être fait, il devra l'être en monnaie nationale, au cours du change de l'échéance et du lieu du paiement, et à défaut de cours dans ce lieu, selon celui de la place qui en est la plus voisine.

SECTION 2. — DISPOSITIONS SPÉCIALES A LA LETTRE DE CHANGE.

---

§ 1er. DE LA PROVISION.

359. (115 C. c. 106 C. h.) Le tireur est tenu, même quand la lettre est tirée pour le compte d'un tiers, et dans ce cas, celui-ci est tenu envers lui, de faire entre les mains du tiré, au lieu ou le paiement doit être fait, provision d'une somme suffisante pour le paiement de la lettre à son échéance.

360. (116 et 107, mêmes codes) Il y a provision, si à l'échéance de la lettre, ou à l'époque où elle se trouve échue par la faillite du tiré, celui-ci était redevable au tireur ou à celui pour le compte duquel elle était tirée, d'une somme exigible, au moins égale au montant de la lettre.

361. (117) A l'égard du porteur et des endosseurs, la preuve de la provision résulte du seul fait de l'acceptation du tiré : elle en résulte aussi à l'égard du tireur, mais sauf la preuve contraire.

362. (100 C. h.) En cas de faillite du tireur, la provision faite par lui, n'appartient au tiré, qu'autant qu'il a accepté ; dans le cas contraire, elle appartient à la masse.

§ 2. DE L'ACCEPTATION PAR LE TIRÉ.

363. (114 C. h.) La promesse d'accepter une lettre de change ne vaut pas acceptation ; mais en cas d'inexécution, elle donne au tireur, contre le promettant, une action en remboursement des frais de protêt et du rechange; et de plus, si la lettre avait été tirée pour le compte d'un tiers, de la somme que le tireur aurait fournie à ce tiers sur la foi de cette promesse et en vue de la lettre de change.

364. (113, id.) Celui qui a reçu une somme suffisante destinée à l'acquit d'une lettre de change, ou qui se trouve, à un titre commercial quelconque, débiteur d'une somme égale envers le tireur, est tenu de l'accepter, sous peine de remboursement des frais et de dommages-intérêts envers le tireur.

365. (112, id.) L'acceptation doit être faite à présentation ou, au plus tard, dans les vingt-quatre heures qui la suivent, sans distinction des dimanches et autres jours ; et après ce délai, si la lettre, laissée au tiré, n'est pas rendue par lui, acceptée ou non, celui qui l'a retenue est passible de tous frais et dommages-intérêts envers le porteur.

366. (122, C. c. 115 C. h.) L'acceptation doit être écrite sur la lettre et signée par le tiré; elle est suffisamment expripar le mot *accepté*.

Elle doit être datée, si la lettre est tirée à quelque temps de vue, et, à défaut de date, le paiement peut être exigé au terme y exprimé, à compter du jour où la lettre a été tirée, sauf au porteur le droit de présenter de nouveau la lettre à l'acceptation, pour faire courir le délai de vue.

Si la lettre est payable dans un autre lieu que la résidence de l'accepteur, ce lieu doit être indiqué dans l'acceptation.

367. (124 C. c., 120 C. h.) L'acceptation peut être partielle, mais elle ne peut être conditionnelle, et toute condition équivaut au refus et produit pour le porteur les mêmes obligations.

368. (121 C. c., 119 C. h.) L'accepteur est tenu de payer, au moins jusqu'à concurrence de la somme pour laquelle il a accepté.

Il ne peut rétracter annuller ou biffer son acceptation une fois mise sur la lettre, même avant qu'il ne l'ait rendue, ni en empêcher la circulation par une saisie entre les mains du porteur.

Il ne peut en être relevé quand même il aurait ignoré la faillite antérieure du tireur, à moins que le porteur n'ait employé des moyens frauduleux pour l'obtenir, auquel cas il en serait relevé envers lui seulement.

369. (118) Le tireur et les endosseurs sont garants solidaires de l'acceptation.

§ 3. DU REFUS D'ACCEPTATION ET DE L'INTERVENTION DE TIERS POUR LA DONNEF.

370. (119-124) Le refus même partiel d'acceptation doit être constaté par un acte que l'on nomme *protêt faute d'acceptation*.

271. (120) Le tireur et les endosseurs sont tenus, sur la notification qui leur est fait de ce protêt, de rembourser la somme pour laquelle il a été faits avec les frais et ceux de rechange, ou de donner caution du paiement. La caution donnée, soit par le tireur, soit par l'endosseur, n'est obligée solidairement qu'avec celui qu'elle a cautionné.

372. (123, 126, 127) Un tiers peut intervenir au protêt et accepter pour le tireur ou l'un des endosseurs.

L'intervention doit être mentionnée dans le protêt et signée de l'intervenant, qui devra en outre la notifier sans délai à celui pour lequel il est intervenu.

Le porteur de la lettre ainsi acceptée conserve tous ses droits contre le tireur et les endosseurs à raison du refus du tiré.

§ 4. DES EXEMPLAIRES MULTIPLES DE LA LETTRE DE CHANGE.

373. (104. C. hol.) Sauf convention contraire, le tireur d'une lettre de change est tenu, si le preneur l'exige, de la tirer par première, seconde, troisième et quatrième, et de lui en remettre les différents exemplaires qui tous cependant ne forment qu'une seule et même lettre.

La souscription à plusieurs exemplaires doit être mentionnée sur chacun d'eux.

L'endossement et l'acceptation peuvent être faits indistinctement sur l'un ou l'autre de ces exemplaires.

374. (147, 148 C. — 160, 161 C. hol.) Celui qui paye une seconde, troisième ou quatrième portant que le paiement qui en sera fait annullera l'effet des autres, est valablement libéré, si ce n'est à l'égard du porteur de l'acceptation, dans le cas où il n'aurait pas retiré l'exemplaire sur lequel elle avait été donnée, sauf alors son recours contre celui auquel il aurait induement payé.

375. (162 C. hol.) Si l'acceptation se trouve sur plusieurs exemplaires de la lettre, le tiré devra payer les divers porteurs, sauf son recours contre celui qui en aurait fait un usage multiple.

§ 5. DE LA PERTE DE LA LETTRE DE CHANGE.

376. (154) En cas de perte d'une lettre de change tirée à un seul exemplaire, le propriétaire de cette lettre doit, pour s'en procurer une seconde, s'adresser à son endosseur immédiat, qui est tenu de lui prêter son nom et ses soins, pour agir envers son propre endosseur, et ainsi de suite, en remontant jusqu'au tireur.

Les frais de ce recours sont à la charge de celui qui aura égaré la lettre.

377. (150, 151) Si la lettre de change perdue n'avait pas été acceptée, le paiement pourra, à quelque nombre d'exemplaires qu'elle ait été tirée, être poursuivi directement sur une seconde, troisième ou quatrième.

Si elle avait été acceptée, il ne pourra l'être de cette manière que par ordonnance du juge, et à charge de donner caution.

378. (152) Si la lettre, acceptée ou non, avait été tirée à plusieurs exemplaires, et qu'aucun ne pût être représenté, celui qui l'aura perdue, pourra, en justifiant de sa propriété par ses livres, obtenir paiement sur ordonnance du juge et à charge de donner caution.

379. (153) En cas de refus de paiement, sur la demande formée en vertu des deux articles précédents, le propriétaire de la lettre conserve tous ses droits, par un protêt fait et notifié aux tireur et endosseur.

380. (155) La caution donnée conformément aux mêmes articles, est entièrement libérée si, dans les trois ans qui ont suivi, aucune demande, ni poursuite n'a été dirigée contre elle, à moins qu'il n'y ait eu acceptation de la lettre, auquel cas la prescription de l'article 405 sera seule applicable.

SECTION 3. — Des droits et obligations résultant des billets.

—

§ 1er. du protêt.

381. (161, 162, 163) Le porteur des billets doit en exiger le paiement le jour de l'échéance, et en cas de refus, le faire constater le lendemain, ou si c'est un jour férié, le surlendemain, par un acte que l'on nomme *protêt faute de paiement*, sans qu'il puisse en être dispensé, ni par la faillite ou la mort du débiteur, ni par le protêt faute d'acceptation ou tout autre acte, le tout sous les peines de déchéances portées en l'article 393.

382. (163) Si, avant l'échéance, le souscripteur du billet à ordre, l'accepteur ou à défaut d'acceptation, le tireur d'une lettre de change tombait en faillite, le porteur pourra aussitôt faire protester, et exercer son recours contre tous les co-obligés qui seront tenus de payer immédiatement, si mieux ils n'aiment donner caution de le faire à l'échéance.

383. (155 C. holl.) Le paiement peut être exigé, et le protêt peut être fait, même par celui qui, sans être porteur du billet, justifierait par écrit l'avoir reçu pour en opérer l'encaissement.

§ 2. de l'intervention de tiers pour le paiement.

384. (151, 157) En cas de protêt, le paiement peut être fait par un tiers intervenant pour le souscripteur ou l'un des endosseurs, et il doit alors être constaté dans l'acte, ou à la suite de l'acte de protêt.

Le paiement, ainsi fait pour le compte du souscripteur, libère tous les endosseurs, Celui fait pour le compte de l'un des endosseurs libère tous ceux subséquents.

385. (122 C. h.) S'il y a concurrence entre plusieurs intervenants, seront successivement préférés dans l'ordre suivant, ceux qui interviendront : — Pour le souscripteur ou pour celui pour le compte duquel la lettre de change était tirée; — Pour le preneur ; — Pour les endossseurs antérieurs.

386. (123, 124, 125 C. h.) Si plusieurs se présentent pour la même personne, et que les uns soient chargés par elle d'intervenir, et que les autres ne le soient pas, ceux qui seront chargés auront la préférence. — Entre plusieurs également chargés ou non chargés, le porteur aura le choix. — Si le porteur chargé ou non chargé intervient lui-même, il aura la préférence dans les mêmes circonstances.

387. (159 C. c.) L'intervenant qui a payé est subrogé aux droits du porteur, et tenu des mêmes obligations et formalités.

§ 3. DU RECOURS CONTRE LES DIVERS OBLIGÉS.

388. (118, 140, 444) Tous ceux qui ont signé, endossé, cautionné ou accepté des billets, sont garants solidaires du paiement, à l'échéance.

En cas de faillite du souscripteur d'un billet à ordre, du tireur d'une lettre de change non acceptée, ou de l'accepteur, les autres obligés sont même tenus de payer immédiatement, si mieux ils n'aiment donner caution de payer à l'échéance.

389. (172) Le porteur peut, après le protêt, obtenir du juge la permission de pratiquer sur les divers obligés une saisie mobilière.

390. (164, 165, 167) Il peut exercer son action en garantie, soit individuellement contre son cédant, soit collectivement contre tous les garants.

Dans le premier cas, il doit, après avoir fait notifier le protêt à son cédant, qui refuserait lui-même de payer, l'assigner dans un délai de quinzaine, à partir du jour du protêt, avec augmentation d'un jour par chaque deux myriamètres et demi, si le cédant résidait à plus de cinq myriamètres du lieu où le billet était payable.

S'il exerce son action collectivement contre tous les garants, il jouira des mêmes délais à l'égard de chacun d'eux.

391 (165, 167) Chaque endosseur devra, dans les mêmes délais, à partir de l'assignation qu'il aura reçue, exercer son action, soit individuelle, soit collective, contre le souscripteur et les endosseurs qui le précèdent.

392. (160, 161, 169, 170) Le porteur et les endosseurs qui n'ont pas agi dans les délais fixés ci-dessus pour l'acceptation, pour le protêt et pour l'exercice de leur recours, sont déchus de tous droits contre leur cédant, et même, contre le tireur de la lettre de change qui a fait provision.

Ils ne peuvent plus agir que contre le souscripteur du billet à ordre, ou contre le tireur de la lettre de change, qui n'a pas fait provision, ou qui ne l'a fait q'en partie, et dans ce cas, jusqu'à concurrence seulement du surplus de la lettre.

393. (109, C. hol,) Le tireur libéré, en tout ou en partie, par le fait de la provision, sera tenu, néanmoins, de céder au porteur ou à tout autre, tous les droits sur cette provision, et de lui fournir, aux frais de celui-ci, toutes les pièces propres à les faire valoir.

En cas de faillite du tireur, les syndics seront tenus des mêmes obligations envers le porteur.

394. (170) Si après l'expiration des délais ci-dessus, le tireur, ou l'un des endosseurs, a reçu, par compte, compensation ou autrement, tout ou partie des fonds destinés au paiement de la lettre de change, l'action en garantie sévit contre lui, et il en est tenu jusqu'à concurrence de ce qu'il a reçu.

§ 4. DÉLAIS DE PROTÊT ET DE RECOURS HORS DU CONTINENT.

395. (160) Les protêts, faute d'acceptation ou de paiement, devront, à peine de déchéance, sauf convention contraire, être faits par le porteur, quelle que soit l'échéance des billets, dans les six mois de leur date, s'ils sont tirés du continent et des îles de l'Europe, et payables dans les possessions européennes de la France, et réciproquement; — dans les huit mois, s'ils sont tirés des Echelles du Levant et des côtes septentrionales de l'Afrique, sur les possessions européennes de la France et réciproquement; — dans l'année, s'ils sont tirés des côtes occidentales de l'Afrique jusqu'au cap de Bonne-Espérance ou du continent et des îles des Indes Occidentales sur les possessions de la France, et réciproquement; — dans les deux ans, s'ils sont tirés du continent et des îles des Indes Orientales sur les possessions européennes de la France, et réciproquement.

396. (166) Le recours, en cas de protêt, contre les tireurs et endosseurs de billets tirés de France et payables hors du territoire continental de la France, doit être exercé par les porteurs dans le délai — de deux mois du protêt, pour ceux payables en Corse, dans l'Ile-d'Elbe ou de Capraja, ou en Angleterre et dans les Etats limitrophes de la France; — de quatre mois, pour ceux payables dans les autres Etats de l'Europe; — de six mois, pour ceux payables aux Echelles du Levant et sur les côtes septentrionales de l'Afrique; — d'un an, pour ceux payables jusqu'à et y compris le Cap de Bonne Espérance, dans les Indes Occidentales; — de deux ans, pour ceux payables dans les Indes Orientales.

Ces délais seront observés dans les mêmes proportions, contre les tireurs et endosseurs résidant dans les possessions françaises situées hors d'Europe.

397. (160 et 160) Les délais fixés par les précédents articles, pour le protêt et le recours, seront doublés, en cas de guerre maritime.

§ 5. DES COMPTES DE RETOUR ET DU RECHANGE.

398. (177, et 178) Tout porteur d'un billet protesté a, indépendamment des droits réglés par les paragraphes précédents, et sans y préjudicier, la faculté de se rembourser directement sur le souscripteur, ou l'un des endosseurs, par un nouveau billet qui porte le nom de *retraite*.

La retraite comprend le montant du billet protesté, les frais et le nouveau change payé par celui qui l'a tiré, et qu'on appelle *rechange*.

399. (179 et 170 du C. hol.) Le rechange se règle, à l'égard du souscripteur, par le cours du change de la place où le billet était payable, sur celle d'où il a été tiré, sans qu'il puisse être plus élevé, et à l'égard des endosseurs, par celui de la place où le billet a été négocié par eux, sur celle où le remboursement s'effectue.

S'il n'existe pas de cours de change entre ces différentes places, le rechange se règle d'après le cours des deux places les plus voisines de chacune d'elles.

Les rechanges ne peuvent être cumulés; le tireur et chaque endosseur n'en doivent supporter qu'un seul.

400. (Décret du 24 mars 1848). Le change pour la France continentale se règle ainsi, d'un département à un autre : — un quart pour cent sur les chefs-lieux de département, — demi pour cent sur les chefs-lieux d'arrondissement, — trois quarts pour cent sur toute autre place.

En aucun cas, il n'y aura lieu a rechange dans le même département.

401. (180, 181) La retraite est accompagnée d'un compte de retour, auquel est joint le billet protesté, ou une expédition du protêt, et en outre, si elle est faite sur un des endosseurs, un certificat constatant le cours du change de la place où le paiement devait être fait, sur celle où le billet a été créé, ou sur celle où le remboursement est fait.

402. (181) Le compte de retour contient le principal du billet, les frais du protêt et autres frais légitimes tels que commission de banque, courtage, timbre et ports de lettres.

Il énonce le nom de celui sur qui la retraite est faite, et le prix du change auquel elle est négociée.

Il est certifié par un agent de change, et dans les lieux où il n'y en a pas, par deux commerçants : à défaut de ce certificat, il n'est pas dû de rechange.

403. (184, 185) Les intérêts du montant des billets sont dûs à partir du protêt : ceux des frais du protêt, du rechange et autres frais légitimes, sont dûs seulement à partir de la citation en justice.

404. (182) Il ne peut être fait, sur un même billet, qu'un seul compte de retour qui est remboursé d'endosseur à endosseur respectivement, et finalement par le souscripteur.

§ 6. DE LA PRESCRIPTION.

405. (189) Toutes actions relatives à des billets de commerce sont prescrites par cinq ans à compter du jour du protêt, ou de la dernière poursuite, à charge néanmoins d'affirmer par serment, si la demande en est faite, pour les souscripteurs qu'ils ne sont plus redevables, et pour leurs veuves ou héritiers qu'ils estiment de bonne foi qu'il n'est plus rien dû.

TITRE X.

Dispositions communes à tous les actes et engagements de commerce.

§ 1er. DE LA PREUVE DE CES ACTES.

406. (109) Dans tous les cas ou la rédaction d'un acte écrit n'est pas formellement prescrite pour la validité et l'existence même des engagements et contrats commerciaux, la preuve peut en être faite: — Par le bordereau ou arrêté d'un agent de change ou courtier, signé des parties, — par les factures acceptées, — par la correspon-dance, — par les livres des parties régulièrement tenus, —par la preuve testimoniale et par les présomptions.

407. (63 du C. h.) Lorsque l'opération n'est pas en elle-même déniée, les livres des agents de change et des courtiers font foi de la date, de celle de la délivrance, de la quantité et qualité des marchandises, du prix et des autres conditions du marché.

§ 2. DET TRIBUNAUX COMPÉTENTS POUR EN CONNAITRE.

408. Le gouvernement peut, dans les lieux ou les besoins du commerce lui paraîtront l'exiger, instituer pour l'exercice de la juridiction commerciale, des tribunaux spéciaux dont les membres sont élus par les commerçants de leur circonscription.

Cette eirconscription sera la même que celle des tribunaux civils des arrondissements où ils seront placés, sauf disposition différente des décrets d'institution.

Leurs attributions, pour le premier et dernier ressort, seront les mêmes dans tous les cas.

L'organisation de ces tribunaux et le mode d'élection de leurs membres, dont les fonctions seront gratuites, seront réglés par une loi particulière.

409. Dans les lieux où il ne sera pas institué de tribunaux spéciaux, la justice sera rendue, en matière de commerce, par les tribunaux civils, à des audiences particulières, et dans les formes déterminées au titre XII.

410. Les tribunaux quels qu'ils soient, par lesquels la juridiction commerciale est exercée, connaissent de toutes les actions et contestations relatives; — aux actes de commerce entre quelques personnes que ce soit — aux engagements et transactions entre commerçants et banquiers — à toute opération et engagement des commis et facteurs des commerçants, à raison du trafic auquel ils sont préposés, qu'il s'agisse, soit de l'intérêt des tiers, soit de l'intérêt respectif des facteurs et de leurs patrons ; — aux engagements résultant pour les non commerçants de leurs signatures apposées avec celles de commerçants à des billets à ordre ou à des lettres de change réputées obligations civiles, sauf ce qui va être dit pour la contrainte par corps.

411. Ils connaissent aussi de toutes opérations relatives à l'état de faillite, et de toutes les contestations qu'il peut faire naître.

§ 3. DE LEUR EXÉCUTION PAR CORPS.

412. (1 de la loi du 17 avril 1832). Tout acte et engagement de commerce reconnu en justice, sera exécutoire par corps contre les débiteurs autres que ceux agissant en qualité de veuves, héritiers ou ayant cause, lorsque la condamnation prononcée sera supérieure à la somme de deux cents francs en principal, soit par le chiffre précis de la créance, soit par l'évaluation du juge, établie sur les cours et mercuriales des marchandises et des marchés.

413. (637 du C. de c.). Les signatures données par les non commerçants dans les termes de la disposition finale de l'article 410, n'entraîneront contre eux la contrainte par corps qu'autant que les engagements par eux ainsi contractés auraient pour objet et pour cause des actes ou opérations de commerce ou de banque.

414. (15 de la loi du 3 novembre 1848). L'exercice de la contrainte par corps pourra être, par le jugement qui la prononce, suspendue, pendant trois mois à partir de sa date, si la condamnation est inférieure à 500 fr.

415. (4 idem). La durée de la contrainte par corps sera : — De trois mois, lorsque la condamnation sera en principal inférieure à cinq cents francs ; — de six mois, lorsqu'elle sera inférieure à quinze cents francs ; — d'un an, lorsqu'elle sera inférieure à deux mille francs.

L'augmentation se fera ainsi de trois mois en trois mois pour chaque somme en sus qui ne dépassera pas cinq cents francs, sans qu'elle puisse excéder trois années pour les sommes de six mille francs et au-dessus.

A l'expiration des divers termes ci-dessus fixés le débiteur sera élargi de plein droit.

416. (5 idem). Il le sera également lorsque, condamné avant d'avoir atteint sa soixante et dixième année, il sera parvenu à cet âge.

TITRE XI.

De la Faillite.

SECTION 1re. — De l'ouverture, de la gestion et des effets de la faillite.

§ 1er. De l'ouverture et de la déclaration de faillite.

417. (541, 437) Les commerçants ne peuvent être admis au bénéfice de la cession des biens.

Tout commerçant qui cesse ses paiements est en état de faillite.

S'il décède dans cet état, sans que la déclaration en ait été faite par jugement, elle pourra l'être après son décès, mais seulement dans l'année qui le suivra.

418. (438) Tout failli devra, dans les trois jours, à partir de celui de la cessation de ses paiements, en faire la déclaration au greffe du tribunal de Commerce de son domicile.

En cas de faillite d'une société en nom collectif, la déclaration sera faite au greffe du tribunal dans le ressort duquel se trouve le siége du principal établissement de la société, et devra contenir les noms et domiciles de chacun des associés.

419. (439) Cette déclaration devra être accompagnée d'un bilan ou état daté, signé et certifié véritable par le failli, de ses dettes actives et passives, de ses dépenses, profits et pertes, et de l'énumération et évaluation de tous ses biens, meubles et immeubles.

Si ce bilan n'est pas déposé, le failli devra indiquer les motifs qui l'en auront empêché.

420. (440) La faillite est déclarée par jugement rendu, soit sur la déclaration du failli, soit d'office, soit à la requête d'un ou plusieurs créanciers.

Ce jugement nommera un des membres du tribunal juge-commissaire de la faillite, et un ou plusieurs syndics provisoires.

Il ordonnera l'apposition des scellés et le dépôt de la personne du failli dans la maison d'arrêt pour dettes, ou le placera sous la garde d'un officier ou agent de police ou de justice.

421. (456) Le failli qui se sera conformé aux articles ci-dessus pourra, à moins qu'il ne soit antérieurement incarcéré pour dettes ou pour toute autre cause, être affranchi du dépôt ou de la garde de sa personne, par le jugement déclaratif de la faillite, dont la disposition à cet égard sera toujours susceptible d'être rapportée, selon les circonstances, même d'office, par un jugement ultérieur.

422. (441) La cessation de paiements sera réputée avoir eu lieu à partir du jugement de déclaration de faillite, à moins qu'une autre époque ne soit indiquée, soit par ce jugement même, soit par tout autre rendu ultérieurement, soit d'office, soit sur la demande de toute partie intéressée.

423. (581) Les créanciers pourront demander le report de la cessation des paiements à une autre époque que celle fixée, soit par le jugement déclaratif, soit par tout autre, jusqu'à l'expiration des délais pour la vérification et l'admission des créances; ces délais expirés, il seront forclos.

424. (580) Le failli pourra, dans la huitaine, et tout autre intéressé, dans le mois des affiches et insertions prescrites par l'article 547, former opposition au jugement de déclaration de faillite, et à celui ou ceux qui fixeraient à une date antérieure la cessation des paiements.

§ 2. DU JUGE-COMMISSAIRE.

425. (52) Le juge-commissaire sera chargé spécialement de surveiller et d'accélérer les opérations et la gestion de la faillite.

426. (477) Il pourra interroger le failli, ses commis ou employés et toute autre personne, soit sur la formation du bilan, soit sur les causes et circonstances de la faillite.

427. (462) Il convoquera immédiatement tous les créanciers présumés à se réunir dans un délai qui n'excédera pas quinze jours; il consultera les créanciers présents à cette réunion, sur la composition de l'état des créanciers présumés, et sur la nomination de nouveaux syndics, et dressera procès-verbal de leurs dires et déclarations.

Sur le vu de ce procès-verbal, le tribunal nommera de nouveaux syndics, ou maintiendra les premiers dans leurs fonctions. — Les syndics ainsi nommés seront définitifs.

428. (467) Il pourra, soit d'office, soit sur les réclamations à lui adressées par le failli ou par des créanciers, proposer la révocation des syndics.

Si dans les huit jours il n'a pas fait droit à ces réclamations, elles pourront être portées devant le tribunal, qui entendra, en chambre du conseil, le rapport du juge-commissaire et les explications des syndics, et prononcera en séance publique.

§ 3. DES SYNDICS.

429. (462) Les syndics définitifs, dont le nombre pourra, à toute époque, être porté jusqu'à trois, seront choisis, soit parmi les créanciers eux-mêmes, soit en dehors de la masse; mais à l'exclusion des parents ou alliés du failli, jusqu'au quatrième degré.

430. (477) Dans le cas où le bilan n'aurait pas été déposé par le failli, ils le dresseront immédiatement, à l'aide des livres et papiers du failli, et de tous les renseignements qu'ils pourront se procurer.

431. (490) Ils devront faire tous actes conservatoires des droits de la faillite contre des tiers, et notamment requérir, si le failli ne l'avait pas fait, inscription au nom de la masse, sur les biens de ses débiteurs, en joignant à leurs bordereaux un certificat constatant leur nomination.

Ils devront aussi prendre, au nom de la masse, inscription sur les biens du failli, en vertu d'un simple bordereau énonçant qu'il y a faillite, et relatant la date du jugement qui la déclare.

432. (471) Les lettres adressées au failli seront remises aux syndics qui les ouvriront : le failli, s'il est présent, pourra assister à leur ouverture.

433. (465) S'il a été nommé plusieurs syndics, ils ne pourront agir que collectivement, à moins que le juge-commissaire

n'ait donné à l'un ou plusieurs d'entre eux des autorisations spéciales à l'effet de faire séparément certains actes d'administration.

Dans ce cas, les syndics autorisés seront seuls responsables.

434. (547 et 579) Les syndics pourront, avec l'autorisation du juge-commissaire, retirer, en remboursant la dette, les gages donnés à des créanciers, et admettre les demandes en revendication : en cas de contestation sur ces demandes, le tribunal prononcera.

435. (487) Ils pourront, avec la même autorisation, et le failli duement appelé, transiger sur toutes les contestations qui intéressent la masse, même sur celles relatives à des droits immobiliers.

Si l'objet de la transaction est d'une valeur indéterminée ou excédant trois cents francs, la transaction devra être homologuée, pour les droits immobiliers par le tribunal civil, et pour les droits mobiliers par la juridiction commerciale.

Le failli sera appelé à l'homologation, et pourra, dans tous les cas, s'y opposer : son opposition suffira même pour empêcher la transaction, s'il s'agit de droits immobiliers.

436. (464) Les syndics pourront, après l'apurement de la gestion, recevoir une indemnité dont le tribunal arbitrera le montant.

§ 4. DE LA PERSONNE ET DE LA SITUATION DU FAILLI.

437. (443) A partir du jugement déclaratif, le failli est dessaisi de l'administration de ses biens, même de ceux qui pourraient lui écheoir dans le cours de l'état de faillite.

438. (455) Le failli en état de dépôt ou de garde, et même celui qui en sera affranchi, ne pourra être l'objet d'aucun écrou ou recommandation pour quelque dette que ce soit.

439. (472) En cas de dépôt, le juge-commissaire pourra, d'après l'état apparent des affaires du failli, proposer sa mise en liberté, avec sauf-conduit provisoire : le tribunal pourra ne l'ordonner qu'à charge, par le failli, de donner caution de se représenter, et sous peine de paiement d'une somme déterminée qui, le cas échéant, sera dévolue à la masse.

Le failli pourra aussi lui-même demander ce sauf-conduit, et il sera statué, sur sa demande, dans les mêmes termes qu'il vient d'être dit.

440. (488) S'il a été affranchi du dépôt, ou s'il a obtenu un sauf-conduit, les syndics pourront l'employer pour éclairer et faciliter leur gestion : les conditions de son travail seront fixées par le juge-commissaire.

441. (475) Dans tous les cas, les syndics l'appelleront près d'eux, pour clore et arrêter les livres en sa présence; — s'il ne se rend pas à l'invitation, il sera sommé de comparaître dans les quarante-huit heures au plus tard; — s'il justifie de causes d'empêchement, reconnues valables par le juge-commissaire, il pourra, soit qu'il ait, soit qu'il n'ait pas obtenu de sauf-conduit, se faire représenter par un fondé de pouvoirs.

442. (474, 469) Le failli pourra obtenir, pour lui ou sa famille, sur l'actif de la faillite, des secours alimentaires, qui seront fixés, sur la proposition des syndics, par le juge-commissaire, et, en cas de contestation, par le tribunal. Le juge-commissaire pourra aussi autoriser les syndics, à lui remettre, ou à sa famille, les vêtements qui leur sont nécessaires, et à ne pas les placer sous les scellés, ou à les en extraire.

443. (478) La veuve, les enfants et héritiers du failli décédé, ou déclaré en faillite après son décès, pourront se présenter ou se faire représenter dans la formation du bilan et autres opérations de la faillite, et aussi obtenir les secours et remises d'effets ci-dessus.

444. (83 - 613) Tant qu'il n'aura pas été réhabilité, le failli ne pourra être nommé agent de change ni courtier, ni même se présenter à la Bourse, sans préjudice des autres incapacités prononcées par les lois civiles ou politiques.

§ 5. DES DROITS DES TIERS.

445. (444, 445) Le jugement déclaratif de la faillite, rend exigibles, à l'égard du failli, toutes les dettes non échues : il en arrête en même temps le cours des intérêts, à l'égard de la masse, sauf le droit des créanciers garantis par un nantissement, un privilége, ou une hypothèque, de se faire payer tous ceux à écheoir pour eux, sur la valeur de leurs gages.

446. (549) Les ouvriers du failli auront, pour leurs salaires du mois, et ses commis, pour ceux des six mois antérieurs au jugement déclaratif, le privilége attribué aux gens de service par le Code civil.

447. (577, 576) Les marchandises achetées par le failli, qui n'ont été expédiées ni délivrées, soit à lui, soit à un tiers pour son compte, pourront être retenues par le vendeur.

Celles expédiées, mais non encore arrivées dans les magasins du failli, ou du commissionnaire chargé par lui de les vendre, pourront, à moins que le failli ne les ait vendues, sans fraude, sur factures, lettre de voiture ou connaissement de l'expéditeur, être revendiquées par celui-ci, à charge de rembourser à la masse les à-comptes par lui reçus, et toutes avances pour fret ou voiture, assurance, commission ou toute autre cause, et de payer les sommes qui seraient dues à quelqu'un de ces titres.

448. Dans les deux cas, les syndics auront, sous l'autorisation du juge-commissaire, la faculté d'exiger la livraison des marchandises, en payant le prix convenu avec le failli.

449. (576) Si elles sont arrivées dans les magasins du failli ou de son commissionnaire, l'expéditeur n'y pourra prétendre aucun droit quelconque de revendication ou de privilége.

450. (575) Le propriétaire de celles consignées au failli, à titre de dépôt, ou pour être vendues, pourra les revendiquer, tant qu'elles existeraient en nature en tout ou en partie, et même en cas de vente, revendiquer le prix ou la partie de prix qui n'aurait été ni payé ni réglé en valeurs, ni porté en compte courant entre l'acheteur et le failli.

451. (574) Le propriétaire de billets ou autres titres remis au failli, pour en faire le recouvrement, et tel paiement ou emploi déterminé, pourra les revendiquer, s'ils se trouvent encore impayés, dans le porte-feuille du failli.

452. (448) Les droits d'hypothèque et de privilége, régulièrement acquis, pourront être inscrits jusqu'au jour du jugement déclaratif de la faillite.

Néanmoins, les inscriptions prises après la cessation de paiements, ou dans les dix jours qui précèdent, pourront être déclarées nulles, s'il s'est écoulé plus de quinze jours entre la date de l'acte constitutif du privilége ou de l'hypothèque, et celle de l'inscription.

Ce délai sera augmenté d'un jour à raison de 5 myriamètres de distance, entre le lieu où le droit hypothécaire a été acquis, et celui où l'inscription sera prise.

453 (446) Tous actes translatifs de propriétés mobilières ou immobilières à titre gratuit, toute hypothèque conventionnelle, ou judiciaire, tout droit d'antichrèse ou de nantissement, tout paiement de dettes non-échues, de quelque manière que ce soit, même par compensation, et tout paiement de dettes échues autrement qu'en espèces ou effets de commerce, ou par compensation, qui aurait eu lieu de la part du failli, postérieurement à l'époque déterminée par le tribunal, comme étant celle de la cessation des paiements, et même dans les dix jours antérieurs à cette époque, seront nuls et sans effet, relativement à la masse.

454 (446 et 449) Tous autres actes à titre onéreux et tous autres paiements de dettes échues faits par le failli, dans l'intervalle du jour auquel a été fixée la cessation de paiements,

[illegible] du jugement de déclaration de faillite, pourront être annulés, si ceux qui ont reçu du failli ou traité avec lui, avaient connaissance de la cessation de ses paiements.

Néanmoins, l'action en rapport, à raison du paiement fait dans cet intervalle, d'un billet à ordre, ou d'une lettre de change, ne pourra être intentée que contre le premier endosseur du billet, ou contre celui pour le compte duquel la lettre aura été fournie.

§ 6. DES DROITS DES FEMMES.

555. (560 et 563) La femme ne pourra exercer de reprises, pour les deniers et effets mobiliers à elle constitués en dot ou advenus à titre successif ou à tout autre titre gratuit, et non entrés dans la communauté, qu'autant que le paiement, la délivrance ou l'identité en seront constatés par un inventaire ou acte authentique, à défaut de quoi, tous ces effets, même ceux à son usage personnel, seront acquis aux créanciers.

556. (558, 559, 562) Toute acquisition faite par la femme ou en son nom, sous quelque régime que le mariage ait été contracté, sera réputé provenir des deniers du mari, sauf la preuve contraire, qui ne pourra résulter que d'inventaires ou actes authentiques, établissant la provenance des deniers à titre successif ou à tout autre titre gratuit, et de la déclaration d'emploi expressément stipulée au contrat.

Il en sera de même de tout paiement fait par la femme des dettes du mari.

557. (557, 558, 561) Elle ne pourra reprendre les immeubles propres qui lui appartiendraient, soit pour les avoir reçus en dot ou par succession et donations entre vifs ou testamentaires, soit pour les avoir achetés des deniers provenant des mêmes causes constatées comme il vient d'être dit, qu'à la charge des hypothèques conventionnelles et judiciaires dont ils seraient de son chef duement grevés, et des dettes auxquelles elle serait ainsi obligée.

558. (564) Si le mari était commerçant au moment de la célébration du mariage, ou si, n'ayant alors aucune profession déterminée, il l'est devenu dans l'année qui a suivi, la femme ne pourra exercer les effets de son hypothèque légale, aux différents titres pour lesquels elle lui est conférée, que sur les immeubles appartenant à son mari, au moment de la célébration du mariage, ou qui lui sont obvenus depuis par succession, donation ou testament.

559. (564) Dans le même cas, tout avantage stipulé au profit de l'un ou l'autre des époux, sera considéré comme non avenu.

§ 7. DE LA VÉRIFICATION DES CRÉANCES.

460. (491) A partir du jugement déclaratif de la faillite, les créanciers pourront remettre au greffe du tribunal leurs titres avec un bordereau indicatif des sommes par eux réclamées.

Le greffier en tiendra état, leur en donnera récépissé, et restera responsable des titres pendant cinq ans, à partir du jour de l'ouverture du procès-verbal de vérification.

461. (492) Les créanciers qui n'auront pas encore remis leurs titres à l'époque du maintien ou du remplacement des syndics, seront immédiatement avertis par des insertions dans les journaux, et par lettres du greffier, qu'ils doivent, dans le délai de vingt jours, à partir de ces insertions, se présenter en personne ou par fondé de pouvoir aux syndics, et leur remettre leurs titres et bordereaux, contre récépissé, si mieux ils n'aiment en faire le dépôt au greffe.

Ce délai sera augmenté, pour les créanciers domiciliés en France, hors du lieu ou siége le tribunal de la faillite, d'un jour pour chaque cinq myriamètres de distance entre ce lieu et celui de leur domicile; pour ceux domiciliés hors du territoire continental de la France, il sera augmenté conformément aux règles de l'article 75 du Code de procédure.

462. (493) La vérification des créances commencera dans les trois jours de l'expiration des premiers délais déterminés par l'article précédent et sera continuée sans interruption.

Elle se fera aux lieu, jour et heure fixés par le juge-commissaire, dont fera mention l'avertissement aux créanciers, ci-dessus prescrit. Néanmoins, les créanciers seront de nouveau convoqués à cet effet, tant par lettres du greffier, que par insertions dans les journaux.

Les créances des syndics seront vérifiées par le juge-commissaire; les autres le seront contradictoirement entre le créancier ou son fondé de pouvoirs et les syndics, en présence du juge-commissaire, qui en dressera procès-verbal.

463. (494) Tout créancier vérifié ou porté au bilan, pourra assister à la vérification des créances, et fournir des contredits aux vérifications faites et à faire. Le failli aura le même droit.

464. (495) Le procès-verbal de vérification indiquera le domicile des créanciers et de leurs fondés de pouvoirs. Il contiendra la description sommaire des titres, mentionnera les surcharges, ratures et interlignes, et exprimera si la créance est admise ou contestée.

465. (496) Dans tous les cas, le juge-commissaire pourra, même d'office, ordonner la représentation des livres du

créancier, ou demander, en vertu d'un compulsoire, qu'il en soit rapporté un extrait fait par les juges du lieu.

466. (497) Si la créance est admise, les syndics signeront, sur chacun des titres, la déclaration suivante : — *Admis au passif de la faillite de . . . pour la somme de . . . . le . . . .*

Le juge-commissaire visera la déclaration. — Chaque créancier, dans la huitaine au plus tard, après que sa créance aura été vérifiée, sera tenu d'affirmer, entre les mains du juge commissaire, qu'elle est sincère et véritable.

467. (498, 497) Si la créance est contestée, le juge commissaire pourra, sans qu'il soit besoin de citation, renvoyer à bref délai devant le tribunal qui pourra faire procéder, devant le juge commissaire, à une enquête sur les faits, et ordonner la citation devant lui des personnes en situation de fournir des renseignements.

Si la contestation n'est point en état de recevoir jugement définitif, avant l'expiration des délais fixés, à l'égard des personnes domiciliées en France, le tribunal ordonnera, selon les circonstances, qu'il sera sursis ou passé outre à la convocation de l'assemblée pour la formation du concordat.

S'il ordonne qu'il soit passé outre, il pourra décider par provision que le créancier contesté sera admis dans les délibérations pour une somme que le même jugement déterminera.

468. (500) Si la contestation est portée devant un tribunal civil, le tribunal de commerce décidera s'il sera sursis ou passé outre ; dans ce dernier cas, le tribunal civil saisi de la contestation jugera, à bref délai, sur requête des syndics signifiée au créancier contesté, et sans autre procédure, si la créance sera admise par provision et pour quelle somme.

Dans le cas où une créance serait l'objet d'une instruction criminelle ou correctionnelle, le tribunal de commerce pourra également prononcer le sursis ; s'il ordonne de passer outre, il ne pourra accorder l'admission par provision, et le créancier contesté ne pourra prendre part aux opérations de la faillite, tant que les tribunaux compétents n'auront pas statué.

469. (501) Le créancier dont l'hypothèque ou le privilége seulement serait contesté, sera admis, dans les délibérations de la faillite, comme créancier ordinaire.

470. (502) A l'expiration des délais déterminés par les articles 461 et 466, à l'égard des personnes domiciliées en France, il sera passé outre à la formation du concordat et à toutes opérations de la faillite, sous l'exception portée à l'articles 480, en faveur des créanciers domiciliés hors du territoire continental de la France.

471. (503) A défaut de comparution et affirmation dans les délais qui leur sont applicables, les défaillants connus ou inconnus ne seront pas compris dans les répartitions à faire ; toutefois, la voie de l'opposition leur sera ouverte jusqu'à la distribution des deniers inclusivement, les frais de l'opposition demeureront toujours à leur charge. Leur opposition ne pourra suspendre l'exécution des répartitions ordonnées par le juge-commissaire; mais s'il est procédé à des répartitions nouvelles, avant qu'il y ait été statué, ils seront compris pour la somme qui sera provisoirement déterminée par le tribunal, et qui sera tenue en réserve, jusqu'au jugement de l'opposition.

S'ils se font reconnaître créanciers, ils ne pourront rien réclamer sur les répartitions ordonnées par le juge-commissaire, mais ils auront le droit de prélever, sur l'actif non encore réparti, les dividendes afférents à leurs créances dans les premières répartitions.

§ 8. DU PAIEMENT ET DES RÉPARTITIONS.

472. (551) L'état des créanciers se prétendant privilégiés sur les meubles, sera présenté par les syndics au juge-commissaire qui en autorisera le paiement, s'il y a lieu, sur les premiers deniers rentrés. En cas de contestation sur le privilége, le tribunal prononcera.

473. (565) L'actif de la faillite composé des valeurs mobilières et immobilières restées libres, distraction faite des frais d'administration, des secours accordés au failli et à sa famille et des sommes dévolues aux créanciers privilégiés ou hypothécaires, sera réparti, au marc le franc de leurs créances, entre tous les créanciers vérifiés et admis.

474. (546 à 548) Les créanciers valablement nantis d'un gage dont le prix de vente serait inférieur au montant de leurs créances, viendront, pour le surplus, à contribution comme créanciers ordinaires.

Si le prix de vente, au contraire, était supérieur, l'excédent rentrerait dans la masse.

475. (352 à 556) Les créanciers hypothécaires qui, pour tout ou partie de leurs créances, ne viendraient pas en ordre dans la distribution du prix des immeubles, seront, pour tout ce qui leur sera ou restera dû, assimilés aux créanciers chirographaires.

476. (553, 554, 555) Les créanciers hypothécaires ou privilégiés concourront, pour le montant de leurs créances, aux répartitions mobilières qui auraient lieu avant la distribution du prix des immeubles, sauf à prendre part à celle-ci de la manière suivante :

Ceux utilement colloqués pour la totalité de leurs créances, ne toucheront que ce qui leur sera dû, déduction faite de ce qu'ils ont reçu dans les répartitions mobilières: et le surplus retournera à la masse chirographaire.

Quant à ceux qui le seraient seulement pour partie, ce qui leur restera dû formera définitivement la proportion pour laquelle ils ont droit d'entrer dans la masse chirographaire, et si les répartitions mobilières déjà par eux reçues excèdent cette proportion, le surplus sera distrait des collocations immobilières au profit de la masse chirographaire.

477. (544) Le créancier porteur d'engagements solidaires contre le failli et d'autres co-obligés, qui, avant la faillite, aura reçu un à-compte sur la créance, ne sera compris dans la masse que sous la déduction de cet à-compte, sauf à la caution ou au co-obligé qui l'aura payé, à s'y faire comprendre pour le montant de cet à-compte.

478 (542) Le créancier, porteur d'engagements solidaires, dont plusieurs des obligés seront en faillite, participera aux distributions de toutes les masses, jusqu'à parfait paiement du chiffre nominal et total de sa créance.

479. (543) Les faillites des co-obligés n'auront aucun recours les unes contre les autres, à raison des dividendes par elle payés, si ce n'est dans le cas où ces dividendes excèderaient le montant total de la créance, auquel cas cet excédent serait dévolu, suivant l'ordre des engagements, à ceux des obligés qui auraient les autres pour garants.

480. (567 et 568) Avant toute répartition aux créanciers domiciliés en France, la part correspondante aux créances portées sur le bilan, comme appartenant à des personnes domiciliées hors du territoire continental de la France, sera mise en réserve; si les les indications du bilan sur ces créanciers ne paraissent pas exactes, le juge-commissaire pourra décider que cette réserve sera augmentée, sauf aux syndics à se pourvoir contre cette décision devant le tribunal.

Cette part sera déposée à la Caisse des consignations, jusqu'à l'expiration des délais déterminés par le dernier paragraphe de l'article 461 , et si, dans ce délai, les créanciers étrangers n'ont pas fait viser leurs créances, elle sera répartie entre les créanciers reconnus.

Une pareille réserve sera faite pour raison des créances, sur l'admission desquelles il n'aurait pas été statué définitivement.

481. (566) Tous les mois, les syndics remettront au juge-commissaire, un état de la situation de la faillite, et des de-

niers déposés à la Caisse des consignations ; le juge-commissaire ordonnera, s'il y a lieu, une répartition entre les créanciers, et veillera à ce qu'ils en soient avertis.

Nul paiement ne sera fait par les syndics, que sur la représentation du titre constitutif de la créance, sur lequel ils mentionneront la somme payée ou ordonnancée, conformément à l'article 575 ; — néanmoins, en cas d'impossibilité de représenter ce titre, le juge-commissaire pourra autoriser le paiement sur le vû du procès-verbal de vérification.

Dans tous les cas, le créancier donnera quittance, en marge de l'état de répartition.

SECTION 2. — De la cloture de la faillite.

—

§ 1er. DE LA CLÔTURE POUR INSUFFISANCE DE L'ACTIF.

482. (527) Si le cours des opérations de la faillite se trouve, à quelque époque que ce soit, arrêté par insuffisance de fonds pour les continuer, le tribunal pourra, même d'office, en prononcer la clôture.

483. (528) L'exécution de ce jugement sera suspendue pendant un mois, à partir de la date, et à quelque époque que ce soit; le failli ou tout autre intéressé pourra le faire rapporter en justifiant qu'il existe, ou en consignant, entre les mains des syndics, somme suffisante pour pourvoir aux opérations de la faillite, et à charge d'acquitter préalablement les frais de la procédure suivie aux termes de l'article précédent.

484. (529) Le jugement de clôture fera rentrer chaque créancier dans l'exercice de ses actions individuelles, même par corps, contre le failli.

Les syndics lui remettront, à moins que le tribunal n'en ordonne autrement, ses livres et papiers, contre récépissé et décharge.

§. 2. DU CONCORDAT.

485. (504) Dans les trois jours qui suivront les délais prescrits pour l'affirmation, le juge-commissaire fera convoquer, par le greffier, les créanciers dont les créances ont été affirmées ou admises par provision, à l'effet de délibérer sur le concordat. L'objet de la convocation sera expressément indiqué dans les lettres et les publications des journaux.

486. (505) Le failli sera appelé à cette assemblée. S'il a été dispensé de la mise en dépôt, ou s'il a obtenu un sauf-conduit, il devra s'y présenter en personne, et ne pourra s'y faire représenter que pour des motifs valables et approuvés par le juge-commissaire.

487. (505 et 508) Aux jour et lieu indiqués par le juge-commissaire, les créanciers, présents en personne ou par fondés de pouvoirs, se réuniront sous sa présidence.

Ceux nantis d'un gage, les privilégiés et les hypothécaires n'auront pas voix, pour ces créances, dans les délibérations relatives au concordat, à moins qu'ils ne renoncent à leurs gages, priviléges ou hypothèques. Le fait seul de leur vote emportera renonciation.

488. (506) Les syndics feront à l'assemblée un rapport sur l'état de la faillite et sur les opérations qui ont eu lieu. Ce rapport, signé d'eux, sera remis au juge-commissaire, qui dressera procès-verbal de ce qui aura été dit et décidé dans l'assemblée.

489. (510 et 511) Le failli condamné pour banqueroute frauduleuse ne pourra pas être admis au concordat.

Celui condamné pour banqueroute simple pourra l'être.

En cas d'instruction commencée pour fait de l'une ou l'autre banqueroute, les créanciers seront convoqués à l'effet de décider s'ils veulent surseoir à statuer jusqu'après la poursuite.

Le sursis ne pourra être prononcé qu'à la majorité en nombre et en chiffre fixée par l'article suivant.

490. (507) Le concordat ne pourra s'établir que par le concours d'un nombre de créanciers formant la majorité, et représentant les trois quarts de la totalité des créances affirmées et admises par provision, le tout à peine de nullité.

Il sera, sous la même peine, signé séance tenante.

491. (509) S'il est consenti seulement par la majorité en nombre, ou par celle des trois quarts en sommes, la délibération sera remise à huitaine pour tout délai : et les résolutions prises, les adhésions données dans cette première délibération demeureront sans effet.

492. (512) Tous les créanciers ayant eu droit de concourir au concordat, ou dont les droits auraient été reconnus depuis, pourront y former opposition.

L'opposition sera motivée et signifiée, à peine de nullité, aux syndics et au failli, dans les huit jours qui suivront le concordat, avec assignation à la première audieuce du tribunal.

S'il n'a été nommé qu'un seul syndic, qui veuille lui-même former opposition au concordat, il devra provoquer la nomination d'un nouveau syndic contre lequel il sera tenu d'agir comme il vient d'être dit.

Si le jugement de l'opposition est subordonné à la solution de questions étrangères à la juridiction du tribunal, il surseoira à prononcer pendant un bref délai qu'il fixera, et dans lequel le créancier opposant devra rapporter la décision des tribunaux compétents, ou justifier de ses diligences pour l'obtenir.

493. (513) Le concordat devra être, sur les poursuites de la partie la plus diligente, soumis à l'homologation du tribunal, qui ne pourra statuer avant le délai de huitaine accordé pour les oppositions par l'article précédent.

S'il en a été formé pendant ce délai, il y sera statué en même temps et par le même jugement, que sur la demande en homologation.

S'il est fait droit aux oppositions, le concordat sera annullé à l'égard de tous les intéressés.

494. (514 et 515) Dans tous les cas, le juge-commissaire fera, préalablement au jugement sur l'homologation, son rapport sur les caractères de la faillite et sur l'admissibilité du concordat.

Le tribunal pourra refuser l'homologation, non seulement pour inobservation des règles et formalités ci-dessus prescrites, mais aussi pour des motifs tirés, soit de l'intérêt des créanciers, soit de l'intérêt public.

495. (516) Si le concordat est homologué, il sera obligatoire pour tous les créanciers portés ou non au bilan, vérifiés ou non, et même pour ceux domiciliés hors du territoire continental de la France, ainsi que pour ceux admis provisoirement, quelle que soit la somme reconnue à leur profit par le jugement définitif.

496. (517 et 545) Le concordat ne porte aucune atteinte aux droits des créanciers contre les co-obligés du failli, non plus qu'au bénéfice de l'hypothèque inscrite sur ses biens au profit de la masse.

497. (531) Lorsqu'une société de commerce sera en faillite, les créanciers pourront ne consentir le concordat qu'en faveur d'un ou de plusieurs des associés.

Dans ce cas, le concordat emporte remise de la solidarité pour ceux qui l'auront obtenu : leurs biens personnels cesseront de faire partie de la masse, mais les dividendes au paiement desquels ils pourront s'engager, ne pourront être payés que sur des valeurs étrangères au fonds social, qui restera tout entier acquis à la masse.

498. (519) Aussitôt après que le jugement d'homologation sera passé en force de chose jugée, les fonctions des syndics cesseront.

Leur compte définitif sera rendu au failli en présence du juge-commissaire, et débattu et réglé devant lui.

Ils remettront au failli, qui leur en donnera décharge, l'universalité de ses biens, livres, papiers et effets.

Il sera dressé, du tout, procès-verbal par le juge-commissaire, dont les fonctions cesseront également.

En cas de contestation, le tribunal prononcera.

499. (520) En cas d'inexécution par le failli des conditions auxquelles le contrat avait été admis, la résolution pourra en être poursuivie et prononcée.

Si des cautions y étaient intervenues pour en garantir l'exécution totale ou partielle, il ne sera statué sur la résolution qu'en leur présence, ou elles dûment appelées : la résolution, néanmoins, ne portera aucune atteinte à leurs obligations.

500. (Id. et 518) En cas de condamnation pour banqueroute frauduleuse prononcée après le concordat, ou en cas de dol découvert postérieurement et résultant, soit de la dissimulation de l'actif, soit de l'exagération du passif, il pourra être formé demande en annullation du concordat, sans qu'il y ait lieu d'y appeler les cautions, qui seront liberées de plein droit par l'annullation.

501. (521) Lorsqu'après l'homologation du concordat, le failli aura été placé sous mandat de dépôt ou d'arrêt pour crime de banqueroute frauduleuse, le tribunal pourra prescrire telles mesures conservatoires qu'il appartiendra.

Ces mesures cesseront de plein droit du jour de l'acte ou du jugement qui aurait définitivement renvoyé le failli de ces poursuites.

502. (522) Si la résolution ou l'annullation du concordat est prononcée, le tribunal nommera, par le même jugement, un juge-commissaire et un ou plusieurs syndics.

Les mêmes nominations seront faites sur le vu de l'arrêt portant condamnation pour banqueroute frauduleuse.

Les syndics ainsi nommés pourront faire apposer les scellés. Ils procéderont, sans retard, avec l'assistance du juge-de-paix, sur l'ancien inventaire, au recolement des valeurs, actes et papiers, et s'il y a lieu, à un supplément d'inventaire.

Ils dresseront aussi un bilan supplémentaire.

Ils feront immédiatement afficher et insérer dans les journaux, avec un extrait du jugement qui les nomme, invitation aux nouveaux créanciers, s'il en existe, de produire, dans les vingt-quatre heures, leurs titres de créances à la vérification.

Cette invitation sera aussi faite par lettre, du greffier, conformément à l'article 461.

503. (523) Il sera procédé sans retard à la vérification des titres des nouveaux créanciers, s'il en existe.

Les créances antérieurement admises ne seront pas sujettes à vérification nouvelle, sans préjudice néanmoins du rejet ou de la réduction de celles payées en tout ou en partie.

504. (524) S'il n'intervient pas de nouveau concordat, les créanciers seront convoqués à l'effet de donner leur avis sur le maintien ou le remplacement des syndics.

505. (525) Les actes faits par le failli, dans l'intervalle du jugement d'homologation, à celui de résolution ou d'annullation, ne seront annullés qu'en cas de fraude aux droits des créanciers.

506. (526) Les créanciers antérieurs au concordat rentreront dans l'intégralité de leurs droits, à l'égard du failli seulement; et dans le cas où ils auraient reçu une partie de leur dividende, ils ne figureront dans la masse que pour la portion de leur créance primitive, correspondante à la portion du dividende promis, qu'ils n'auraient pas touchée.

Il en sera de même au cas où une seconde faillite viendrait à s'ouvrir sans qu'il y ait eu résolution ou annullation du concordat.

507. (524) Il ne sera procédé aux répartitions qu'après l'expiration, à l'égard des nouveaux créanciers, des délais accordés ci-dessus aux personnes domiciliées hors de France.

§ 3. DU CONTRAT D'UNION.

508. (529) S'il n'intervient point de concordat, les créanciers seront de plein droit en état d'union.

Le juge-commissaire les consultera immédiatement sur les faits de la gestion et sur l'utilité du maintien ou du remplacement des syndics.

Les créanciers nantis d'un gage, ceux privilégiés ou hypothécaires seront admis à cette délibération.

Il en sera dressé procès-verbal sur le vu duquel le tribunal statuera comme il est dit à l'article 427.

509. (530) Les créanciers seront consultés sur le point de savoir si un secours pourra être accordé au failli sur l'actif de la faillite. En cas d'affirmation votée par la majorité des créanciers présents, les syndics en proposeront la quotité, qui sera fixée par le juge-commissaire, sauf recours au tribunal de la part des syndics seulement.

510. (532) Les syndics représentent la masse des créanciers et sont chargés de procéder à la liquidation.

Néanmoins, les créanciers pourront leur donner mandat de continuer l'exploitation de l'actif. La délibération qui le leur confèrera, en déterminera la durée et l'étendue, et fixera les sommes qu'ils pourront garder entre leurs mains à l'effet de pourvoir aux frais et dépenses.

Cette délibération ne pourra être prise qu'en présence du juge-commissaire à la majorité des trois-quarts des créanciers en nombre et en somme. Les créanciers dissidents et le failli pourront y former opposition, sans que cette opposition en suspende l'exécution.

511. (533) Lorsque les opérations des syndics entraîneront des engagements excédant l'actif de l'union, les créanciers qui les auront autorisés seront seuls tenus au delà de leur part dans la faillite, mais seulement au prorata de leurs créances, et dans la limite du mandat qu'ils ont donné.

512. (534-535) Les syndics seront chargés de poursuivre la vente des meubles, marchandises et immeubles du failli, et la liquidation de ses dettes actives et passives, le tout sous la surveillance du juge-commissaire, et sans qu'il soit besoin d'appeler le failli.

Ils pourront aussi, nonobstant toute opposition de sa part, transiger sur toute espèce de droits, en se conformant aux règles prescrites par l'article 435.

513. (536) Les créanciers seront convoqués par le juge-commissaire au moins une fois dans la première année, et, s'il y a lieu, dans les années suivantes. Dans ces assemblées, les syndics rendront compte de leur gestion, et seront continués ou remplacés, comme il est dit aux articles 429 et 508.

514. (537) Quand la liquidation sera terminée, les créanciers seront pour la dernière fois convoqués par le juge-commissaire à l'effet d'entendre le compte des syndics, le failli présent ou duement appelé.

515. (537-538) Dans cette assemblée, les créanciers donneront leur avis sur l'excusabilité du failli, et, à cet effet, il sera ouvert un procès-verbal où ils pourront consigner leurs dires et observations.

Le juge-commissaire présentera au tribunal les résultats de cette délibération et fera, sur le caractère et les circonstances de la faillite, un rapport à la suite duquel le tribunal prononcera si le failli est ou non excusable.

516. (540) Les banqueroutiers frauduleux, les stellionataires, les personnes condamnées pour vol, abus de confiance, escroquerie, les comptables de deniers publics ne pourront jamais être déclarés excusables.

517. (539) La clôture de cette dernière assemblée emporte de plein droit dissolution de l'union. Les créanciers rentreront dans l'exercice de leurs actions individuelles contre le failli, sauf l'exercice de la contrainte par corps, dans le cas où il aurait été déclaré excusable, et les syndics lui remettront ses livres et papiers, comme il est dit à l'article 484.

SECTION 3. — De la réhabilitation.

518. (604 et 614) Le failli qui aura intégralement payé toutes ses dettes en capital, intérêts et frais, pourra être réhabilité.

S'il était membre d'une société tombée en faillite, et lors même qu'il aurait obtenu un concordat particulier, il ne pourra l'être que sur la justification du paiement en capital, intérêts et frais, de toutes les dettes de la société.

519. (612) Les personnes qui, aux termes de l'article 516, ne peuvent être déclarées excusables, les tuteurs, administrateurs et autres comptables, qui n'auront pas rendu et soldé leurs comptes, ne pourront être réhabilités.

520. (614) La réhabilitation du failli décédé pourra être accordée, sur la demande de ses héritiers ou ayant cause, et sur la justification de l'accomplissement des conditions ci-dessus.

TITRE XII.

De la Procédure.

SECTION 1re. — Procédure générale.

§ 1er. des protets.

521. (173, 474) Le protêt, faute d'acceptation ou de paiement, doit être fait par deux notaires, ou par un notaire ou un huissier assisté de deux témoins.

Il doit contenir sommation d'accepter, ou celle de payer, mention de la présence ou de l'absence du tiré ou du débiteur, les motifs du refus d'accepter, la signature des refusants, ou l'indication des causes qui les auraient empêchés de la donner, et en outre la transcription littérale des billets, des endossements, des recommandations indiquées ou des acceptations données.

Il doit être fait par un seul et même acte, au domicile ou au dernier domicile du tiré ou du débiteur, de la personne indiquée pour payer au besoin, et de celle qui a accepté par intervention. Copie doit en être laissée au domicile de la personne contre laquelle il a été dressé. En cas de fausse indication de domicile, le protêt doit être précédé d'un acte de perquisition.

§ 2. DES DEMANDES ET ASSIGNATIONS.

522. (420) Le demandeur ne sera pas tenu d'assigner le défendeur devant le tribunal de son domicile.

Il pourra également l'assigner devant le tribunal, soit du lieu où la convention et la livraison ont été faites, soit du lieu où le paiement doit se faire.

523. (416 et 417) Le délai de l'assignation pourra être d'un jour seulement.

Dans les cas qui requerront célérité, le président du tribunal pourra permettre d'assigner, même de jour à jour et d'heure à heure, et de saisir les effets mobiliers, sauf à assujettir le demandeur, suivant l'exigence des cas, à donner caution, ou à justifier de solvabilité suffisante. Ses ordonnances seront exécutoires nonobstant opposition ou appel.

Dans les affaires maritimes où il s'agit de victuailles, agrès, apparaux, équipages, radoubs de vaisseaux prêts à mettre à la voile, et autres matières, et dans celles où il existe des parties non-domiciliées, l'assignation de jour à jour et d'heure à heure pourra être donnée sans ordonnance, et le défaut pourra être jugé sur le champ.

524. (419) Toutes assignations données à bord, auront le même effet que si elles l'étaient au domicile des parties.

§ 3. DES AUDIENCES.

525. (427 et 627 du C. c.) Le ministère des avoués est interdit devant les juridictions commerciales. Les parties seront tenues de comparaître en personne, ou de se faire représenter par un fondé de pouvoir spécial.

Nul ne pourra plaider pour elles, que muni de pouvoirs, ou en vertu de l'autorisation résultant de leur présence à l'audience. Le pouvoir pourra être donné au bas de l'original, ou de la copie de l'assignation. Il sera, avant l'appel de la cause exhibé au greffier qui le visera sans frais.

526. (422) Lorsque la cause sera contradictoire et que le jugement définitif ne sera pas rendu à la première audience, les parties non-domiciliées dans le lieu où siége le tribunal, seront tenues d'y élire domicile, qui sera mentionné sur le plumitif de l'audience. A défaut de cette élection, toute signification, même celle du jugement définitif, sera valablement faite au greffier.

§ 4. DES EXCEPTIONS.

527. (426 et 427) Si un débat s'élève sur la qualité des veuve et héritiers assignés en reprise d'instance ou par action nouvelle, ou sur une pièce produite et méconnue, déniée ou arguée de faux, le tribunal surseoira jusqu'à ce qu'il ait été statué sur l'incident par le tribunal compétent. Néanmoins, dans le dernier cas, si la pièce n'est relative qu'à l'un des chefs de la demande, le tribunal pourra prononcer immédiatement sur les autres.

528. (425) Si une exception d'incompétence proposée pour quelque cause que ce soit, est rejetée, le jugement prononcera en même temps sur le fonds, mais par une disposition distincte et à l'égard de laquelle, l'exécution, même sans réserve, ne rendra pas l'appel non recevable.

§ 5. DE L'INSTRUCTION DES CAUSES.

529. (19) Si la partie aux livres de laquelle on offre d'ajouter foi, refuse de les produire, le juge peut déférer le serment à l'autre partie.

530. (15 et 16) La représentation des livres, à l'effet d'en extraire ce qui concerne le différend, peut être ordonnée, même d'office, par le juge. Si les livres, dont la représentation est jugée utile, sont dans des lieux éloignés du tribunal saisi, une commission rogatoire pourra être adressée par lui au tribunal de commerce du lieu, ou à un juge de paix, à l'effet d'en prendre connaissance, et d'en dresser un procès-verbal qui lui sera transmis.

531. (14 67 du C. h.) La communication des livres et inventaires ne peut être ordonnée que dans les affaires de communauté, de succession, de partage, et en cas de société. Néanmoins, la production en justice des livres des agents de change et courtiers, pourra être ordonnée à l'effet de comparer les extraits par eux donnés avec les notes originales : et ils pourront eux-mêmes être tenus de donner personnellement des éclaircissements à cet égard.

532. (428) Le tribunal pourra, dans tous les cas, ordonner même d'office, que les parties seront entendues en personne, à l'audience ou dans la chambre du conseil, et s'il y a empêchement légitime, commettre un des juges ou un juge de paix pour les entendre et les concilier. S'il n'y a pas conciliation, et si la cause est sujette à appel, il sera, dans tous les cas, dressé, des dires et déclarations des parties, un procès-verbal qui sera signé par elles, ou, en cas de refus, en mentionnera les causes.

533. (452) Si des enquêtes sont ordonnées, il y sera procédé dans les formes prescrites pour les affaires sommaires.

534. (429, 430) S'il y a lieu de visiter et d'estimer des marchandises, il y sera procédé par un, ou trois experts.

S'il y a lieu à l'examen de comptes, pièces et registres, le tribunal pourra renvoyer les parties devant un, ou trois experts-arbitres, à l'effet de les entendre et concilier, si faire se peut, sinon, donner leur avis.

Les experts et les experts-arbitres, seront nommés par le tribunal, à moins que les parties n'en conviennent. Ils ne pourront être récusés que dans les trois jours de leur nomination. Ils déposeront leur rapport au greffe, et le tribunal statuera, parties ouies, s'il y a lieu.

535. S'il s'agit de contestations entre associés, à raison de la société, le tribunal, dans le cas où la cause ne lui paraîtrait pas suffisamment en état, nommera des arbitres-experts dans les termes de l'article précédent, et en outre un juge-commissaire chargé de surveiller et d'activer leurs opérations, et sur le rapport duquel il prononcera, après avoir entendu les parties dans leurs conclusions ou leurs plaidoieries.

§ 6. DES JUGEMENTS PAR DÉFAUT ET OPPOSITIONS.

536. (435, 436) Si la partie qui a obtenu un jugement par défaut, n'est pas domiciliée dans la commune où elle le signifie, elle devra, à peine de nullité, faire, dans la signification, une élection de domicile dans cette commune.

Le jugement par défaut est exécutoire, un jour après la signification.

537. (437) L'opposition sera signifiée au domicile élu, s'il y en a un; elle contiendra les moyens de l'opposant, et assignation dans les délais de la loi.

Elle pourra être faite à l'instant de l'exécution par déclaration sur le procès-verbal de l'huissier, et dans ce cas, elle arrêtera l'exécution, à charge par l'opposant, de la réitérer dans le délai de trois jours, par exploit d'assignation; passé ce délai, elle sera censée non avenue.

§ 7. DE L'EXÉCUTION DES JUGEMENTS.

538. (439) Les jugements des juridictions commerciales seront exécutoires par provision et nonobstant appel, à charge par les poursuivants, à moins qu'il n'y ait titre non attaqué, ou condamnation antérieure non frappée d'appel, de donner caution ou de justifier d'une solvabilité suffisante, s'ils en sont requis.

539. (440) La caution ou la justification de solvabilité sera présentée, par acte signifié au domicile de l'appelant ou à celui par lui élu, avec sommation de se trouver au greffe, à jour et heures fixés, pour y prendre communication des pièces justificatives de la solvabilité du poursuivant, ou de sa caution, et à l'audience, pour en voir, en cas de contestation, prononcer la suffisance ou l'admission; — Les livres et inventaires des commerçants pourront suffire comme preuve de la solvabilité des poursuivants, ou des cautions.

540. (441 Si l'appelant ne comparait pas ou ne conteste pas la caution, elle fera sa soumission au greffe : s'il conteste, le jugement sera rendu au jour indiqué par la sommation, et sera, dans tout les cas, exécutoire, nonobstant appel ou opposition.

541. Dans aucun autre cas, les juridictions commerciales ne connaîtront de l'exécution de leurs jugements : la juridiction civile pourra seule en connaître.

§ 8. DE L'APPEL.

542. (645) L'appel pourra être interjeté le jour même du jugement.

543. (582) En matière de faillite, il devra l'être dans le délai de quinze jours, à compter du jour de la signification du jugement, augmenté d'un jour par cinq myriamètres, pour les parties domiciliées à une plus grande distance, du lieu où le jugement a été rendu.

544. (648) Il sera statué sur l'appel dans les formes prescrites pour les matières sommaires.

545. (647) Les Cours d'appel ne pourront, dans aucun cas, même en cas d'appel pour incompétence, accorder des dispenses ni surseoir à l'exécution provisoire, à peine de nullité et même de tous dommages-intérêts. — Le président pourra seulement, suivant l'urgence des cas, permettre de citer extraordinairement, à jour et heure fixes, pour plaider sur l'appel.

SECTION 2. — PROCÉDURE ET OPÉRATIONS DES FAILLITES.

—

§ 1er. DISPOSITIONS GÉNÉRALES.

546 (440) Le jugement déclaratif de faillite sera exécutoire par provision.

547. (460). Son exécution, en ce qui concerne l'arrestation du failli, sera poursuivie par le ministère public ou par les syndics.

548 (442) Il sera, ainsi que tous ceux qui interviendront sur l'époque de la cessation de paiement, affiché et inséré dans les journaux du lieu où la faillite a été déclarée, et de tous autres lieux où le failli aurait des établissements commerciaux, suivant le mode fixé par les articles 80 et 81.

549. Lorsque la faillite n'offrira pas immédiatement deniers suffisants pour les frais du jugement déclaratif, pour ceux d'arrestation et d'incarcération du failli, d'apposition des scellés, d'affiche et d'insertion dans les journaux, l'avance en sera faite, sur ordonnance du juge-commissaire, par le trésor public, qui en sera remboursé par privilége, sur les premiers recouvrements, sans préjudice du privilége du propriétaire.

550. (444) A partir du jugement déclaratif, toutes actions et voies d'exécution mobilières ou immobilières ne pourront être suivies que contre les syndics.

Le failli pourra, néanmoins, y être reçu partie intervenante.

§ 2 DE L'APPOSITION ET DE LA LEVÉE DES SCELLÉS.

551 (457) Le greffier du tribunal adressera, sur le champ, au juge-de-paix, avis de la disposition du jugement déclaratif, qui ordonnera l'apposition des scellés ; — Dans le cas de disparition du débiteur, ou de détournement de tout ou partie de son actif, le juge-de-paix pourra, même avant ce jugement, apposer les scellés, soit d'office, soit sur la réquisition d'un créancier ; — dans le cas où l'apposition n'aurait pas eu lieu avant la nomination des syndics, ils la requerront immédiatement.

552. (458) Les scellés seront apposés sur les magasins, comptoirs, caisses, porte-feuilles, livres, papiers, meubles et effets du failli ; et en cas de faillite d'une Société en nom collectif, dans le siége principal de la Société, et dans le domicile séparé de chacun des associés.

553. (452) Si le juge-commissaire estime que l'actif du failli peut être inventorié en un seul jour, il ne sera pas apposé de scellés, et il sera procédé immédiatement à l'inventaire.

554. (469) Le juge-commissaire pourra également, sur la demande des syndics, les dispenser de faire placer sous les scellés, ou les autoriser à en extraire les objets sujets à dépérissement prochain, ou à dépréciation imminente, et ceux servant à l'exploitation du fonds de commerce, lorsqu'elle ne pourrait être interrompue sans préjudice pour les créanciers. — Ces objets seront de suite inventoriés, avec prisée, par les syndics, en présence du juge-de-paix, qui en dressera procès-verbal.

555. (471) Le juge-de-paix extraira des scellés les livres de commerce, et les remettra aux syndics, après les avoir arrêtés et avoir constaté sommairement, par le procès-verbal, l'état dans lequel ils se trouvaient.

Il extraira également les effets de porte-feuille à courte échéance, ou susceptibles d'acceptation, ou pour lesquels il faudra faire des actes conservatoires, et les remettra, après description, aux syndics, pour en faire le recouvrement.

556. (479) Dans les trois jours, les syndics requerront la levée des scellés, et procéderont à l'inventaire des biens du failli, lui présent, ou duement appelé.

557. (480) A mesure que les scellés seront levés, l'inventaire sera, en présence du juge-de-paix, qui le signera à chaque vacation, rédigé en double minute par les syndics, avec le concours des personnes qu'ils auront appelées à leur aide pour sa rédaction, et pour l'estimation des objets.

Il sera fait récolement de ceux qui, conformément à des dispositions précédentes, n'auraient pas été mis sous les scellés ou auraient déjà été inventoriés et prisés. L'une des minutes restera entre les mains des syndics, et l'autre sera, dans les vingt-quatre heures, déposée au greffe du tribunal.

558. (481) En cas de déclaration de faillite après décès, et lorsqu'antérieurement à cette déclaration, il n'aura pas été fait d'inventaire, ou en cas du décès du failli avant l'ouverture de l'inventaire, il y sera procédé immédiatament, les héritiers présents où duement appelés.

559. (484) L'inventaire terminé, les marchandises, l'argent, les titres actifs, les livres et papiers, les meubles et effets du débiteur, seront remis aux syndics qui s'en chargeront au bas dudit inventaire.

§ 3. DE L'INTERVENTION DU MINISTÈRE PUBLIC DANS LES AFFAIRES DE LA FAILLITE.

560. (460) Le greffier du tribunal adressera, dans les vingt-quatre heures, au procureur impérial du ressort, extrait des jugements de déclaration de faillite, mentionnant les principales indications et dispositions qu'ils contiennent.

561. (483) Les officiers du ministère public pourront se transporter au domicile du failli, assister à l'inventaire, et requérir, à toute époque, la communication de tous les actes, livres ou papiers relatifs à la faillite.

562 (482) Dans la quinzaine de leur entrée, ou de leur maintien en fonctions, les syndics seront tenus de remettre au juge-commissaire, un mémoire ou compte sommaire de l'état apparent de la faillite, de ses principales causes et circonstances, et des caractères qu'elle pourrait avoir.

Ce mémoire sera immédiatement transmis par le juge-commissaire, avec ses observations, au procureur impérial du ressort; et dans le cas où le juge-commissaire ne l'aurait pas reçu dans les délais prescrits, il devra en prévenir ce magistrat et lui indiquer les causes du retard.

563 (601) En cas de poursuite ou de condamnation pour banqueroute simple ou frauduleuse, l'administration de la faillite, de ses biens et droits, continuera à être suivie par les syndics, selon les règles généralement prescrites.

564 (602, 603). Les syndics seront cependant tenus de remettre au ministère public, les pièces, titres, papiers et renseignements qui leur seront demandés. — Ces pièces, titres et papiers seront, pendant le cours de l'instruction, tenus en communication par la voie du greffe; cette communication aura lieu sur la demande des syndics, qui pourront y prendre des extraits privés ou en requérir d'authentiques, qui leur seront délivrés par le greffier. — Après l'arrêt, ou le jugement, les titres et papiers, dont le dépôt judiciaire n'aura pas été ordonné, seront remis aux syndics qui en donneront décharge.

§ 4. DE LA JURIDICTION DU JUGE-COMMISSAIRE ET DU TRIBUNAL.

565. (452) Les ordonnances rendues par le juge-commissaire dans la limite de ses attributions ne seront susceptibles de recours devant le tribunal, que dans les cas où ce recours sera formellement réservé.

566. (Id.) Dans tous les cas où le tribunal aura à prononcer sur un incident ou débat quelconque relatif à la faillite, le juge-commissaire devra préalablement être entendu dans son rapport.

567. (464) Lorsqu'il y aura lieu de procéder à l'adjonction ou au remplacement de syndics, le juge-commissaire en référera au tribunal qui prononcera.

568. (466) Les contestations qui peuvent s'élever contre les opérations des syndics seront portées devant le juge-commissaire qui statuera dans le délai de trois jours, sauf recours au tribunal.

Les ordonnances ou décisions rendues par lui seront provisoirement exécutées.

569. (454) Le tribunal pourra, quand il le jugera convenable, et à quelque époque que ce soit, remplacer le juge-commissaire par un autre de ses membres.

570. (583) Le tribunal prononcera en dernier ressort et sans aucun recours quelconque: —sur la nomination et le remplace-

ment du juge-commissaire — sur les recours contre les ordonnances rendues par lui dans la limite de ses attributions — sur la nomination et la révocation des syndics — sur les demandes de sauf-conduit — sur celles de secours pour le failli et sa famille — sur la vente des effets et marchandises du failli — sur l'admission provisoire de créanciers contestés — sur les demandes en sursis au concordat.

§ 5. VENTE DES MEUBLES ET DES MARCHANDISES ET RECOUVREMENT DES CRÉANCES.

571. (450) Pendant trente jours, à partir du jugement déclaratif de faillite, le propriétaire des lieux loués au failli, qui n'aurait pas acquis, avant la faillite le droit d'en reprendre possession, ne pourra, pour le paiement de ses loyers, exercer aucune voie d'exécution sur les meubles servant à l'exploitation du commerce du failli, sans préjudice pour lui de tous actes conservatoires.

572. (470) Les syndics, sous l'autorisation du juge-commissaire, procéderont immédiatement à la vente des objets dispendieux à conserver, ou sujets à dépérissement ou dépréciation imminente, et s'il y a lieu, à celle de l'exploitation du fonds de commerce.

573. (486) Le juge-commissaire pourra, le failli entendu ou duement appelé, autoriser les syndics à procéder à la vente des effets mobiliers et des marchandises. Il décidera si la vente se fera soit à l'amiable, soit aux enchères publiques, par l'entremise de courtiers et de tous autres officiers publics préposés à cet effet. — Les syndics choisiront dans la classe d'officiers publics, déterminée par le juge-commissaire, celui dont ils voudront employer le ministère.

574. (485 et 570) Ils procéderont également, sous la surveillance du juge-commissaire, au recouvrement des créances; et, s'il y a contrat d'union, ils pourront se faire autoriser par le tribunal, le failli duement appelé, à traiter à forfait, de tout ou partie de celles dont le recouvrement n'aurait pas été opéré. — Tout créancier pourra provoquer à cet égard une délibération des créanciers réunis. — Les syndics feront tous les actes nécessaires pour arriver à l'aliénation.

575. (489) Les deniers provenant des ventes et recouvrements seront, sous la déduction des sommes arbitrées par le juge-commissaire pour le montant des dépenses et frais, versés immédiatement à la Caisse des consignations; et dans les trois jours des recettes, les syndics justifieront de ce versement au juge-commissaire, sous peine de payer les intérêts des sommes qu'ils n'auront pas versées.

Les deniers versés par les syndics, et tous autres consignés par des tiers, pour le compte de la faillite, ne pourront être retirés qu'en vertu d'une ordonnance du juge commissaire; et en cas d'opposition, les syndics devront en obtenir préalablement la main-levée.

Le juge commissaire pourra ordonner que le versement soit fait directement par la Caisse, entre les mains des créanciers de la faillite, sur un état de répartition dressé par les syndics, et ordonnancé par lui.

§ 6. VENTE DES IMMEUBLES.

576. (571) A partir du jugement déclaratif de faillite, aucun créancier ne pourra poursuivre l'expropriation des immeubles sur lesquels il n'aurait pas hypothèque.

577. (572) S'il n'y a pas de poursuite en expropriation des immeubles, commencée avant l'époque de l'union, les syndics seuls seront admis à poursuivre la vente; ils seront tenus d'y procéder, dans la huitaine, sous l'autorisation du juge commissaire, suivant les formes prescrites pour la vente des biens des mineurs.

578. (573) La surenchère, après adjudication sur les poursuites des syndics, n'aura lieu qu'aux conditions et dans les formes suivantes : — Elle devra être faite dans la quinzaine. — Elle ne pourra être au-dessous du dixième du prix principal de l'adjudication.— Elle sera faite au greffe du Tribunal civil, suivant les formes prescrites par les articles 709 et 710 du Code de procédure. — Toute personne sera admise à surenchérir et à concourir à l'adjudication définitive sur la surenchère.

§ 7. FORMES DE LA DEMANDE EN RÉHABILITATION.

579. (605) Toute demande en réhabilitation sera adressée à la Cour dans le ressort de laquelle le failli aura son domicile, avec les quittances et autres pièces justificatives de sa complète libération.

580. (606). Le procureur général, sur la communication qui lui sera faite de la requête, en adressera des expéditions certifiées par lui, au procureur impérial et au président du Tribunal de commerce du domicile du demandeur, et si celui-ci a changé de domicile depuis la faillite, aux mêmes magistrats de l'arrondissement où elle a eu lieu, en les chargeant de recueillir tous les renseignements qu'ils pourront se procurer, sur la vérité des faits exposés.

581. (607) Copie de la requête sera, à la diligence des mêmes magistrats, insérée par extrait dans les journaux, et affichée pendant deux mois, tant dans les salles d'audiences de chaque tribunal, qu'à la Maison commune et à la Bourse.

582. (608) Tout créancier qui n'aura pas été intégralement payé, en capital, intérêts et frais, ou toute autre partie intéressée, pourra, pendant la durée de l'affiche, former par simple acte au greffe, opposition à la réhabilitation, appuyée de pièces justificatives, sans pouvoir d'ailleurs être partie dans la procédure en réhabilitation.

583 (609) Après l'expiration des deux mois, le procureur impérial et le président du tribunal transmettront au procureur général, avec leur avis sur la demande, les renseignements recueillis, et les oppositions qui auraient pu être formées.

584. (610) Le procureur général fera rendre arrêt portant admission ou rejet de la demande, qui, en cas de rejet, ne pourra être reproduite qu'après une année d'intervalle.

585. (611) L'arrêt d'admission sera transmis aux procureurs impériaux et aux présidents des tribunaux auxquels la demande aura été communiquée, lu à l'audience publique de ces tribunaux, et transcrit sur leurs registres.

SECTION 3. — Procédure des prudhommes.

§ 1er du bureau de conciliation.

586. (21, 22 du décret du 20 février 1810). Toutes demandes et instances de la compétence des prud'hommes, même celles dans lesquelles des mineurs seraient intéressés, doivent préalablement être portées devant un bureau particulier composé de deux prudhommes, l'un patron, l'autre ouvrier, pour y être conciliées, s'il se peut.

587. (Id.) Les parties comparaîtront devant ce bureau, soit volontairement, soit par suite de citation donnée d'abord par simple lettre du secrétaire du conseil, et dans le cas où il n'y serait pas satisfait, par exploit d'huissier.

588. (Id.) La citation par huissier doit être, à peine de nullité, donnée au moins un jour franc avant celui de la comparution, et si le défendeur demeure à plus de trois myriamètres du siége du conseil, ce délai sera augmenté d'un jour par chaque trois myriamètres de distance.

589. (Id.) Les parties peuvent se faire assister de conseils : mais elles sont tenues de se présenter en personne ; et en cas d'absence ou de maladie, elles ne peuvent se faire représenter

que par un de leurs parents, négociant ou marchand, et à défaut de parents, par un négociant ou marchand de la circonscription du conseil.

590. (Id.) Les parties sont tenues de s'expliquer avec modération et respect : en cas d'infraction, et après un avertissement qui serait resté inefficace, les contrevenants seront condamnés par le bureau à une amende de 10 francs au plus : en cas d'irrévérence grave ou d'insulte, ils pourront l'être à un emprisonnement de trois jours au plus. — Dans les deux cas les jugements seront sans appel, et ils seront, aux frais des condamnés, affichés dans le lieu où siége le conseil.

591. (Id.) Si un déclinatoire proposé est contesté, les parties seront renvoyées devant le bureau de jugement.

592. (Id.) Le bureau particulier peut, s'il pense qu'il y ait urgence, ordonner des mesures provisoires, comme la mise sous le scellé ou le dépôt au greffe, d'objets en litige, ou de pièces déniées ou arguées de faux.

593. (Id.) Le secrétaire doit tenir note sur son registre d'audience, des dires respectifs des parties, et desmoyens de conciliation proposés par elles ou par le bureau, pour ces notes être transmises au bureau de jugement, devant lequel les parties seront renvoyées, en cas d'inconciliation.

§ 2. DU BUREAU DE JUGEMENT, ET DE L'APPEL.

594. (11 de la loi du 1er juin 1853) Le bureau de jugement doit être composé, indépendamment du président ou du vice-président, de prudhommes patrons et de prudhommes ouvriers, à nombre égal, et qui ne peut être inférieur à deux pour chacune des deux catégories.

595. (Décret du 20 février 1810) Les dispositions du § précédent sur la citation, la comparution et les devoirs des parties à la séance, sont applicables au bureau de jugement.

596. (Id.) La juridiction du bureau ne peut être déclinée à quelque titre que ce soit, qu'autant que le déclinatoire a été proposé au bureau de conciliation.

597. (12 de la loi du 1er juin 1853) Les jugements des prudhommes sont signés par le président et le secrétaire.

598. (14 id.) Lorsque le chiffre de la demande excède deux cents francs en principal, le jugement de condamnation peut ordonner l'exécution provisoire sans caution, jusqu'à concurrence de cette somme. — Pour le surplus, il ne peut l'admettre qu'à charge de caution.

599. L'appel des jugements des prudhommes sera porté devant les juridictions commerciales.

TITRE XIII.

Dispositions Pénales.

SECTION 1re. — DISPOSITIONS RELATIVES AU COMMERCE.

—

§ 1er. FRAUDES ET TROMPERIES DANS LE COMMERCE EN GÉNÉRAL.

600. (3 de la loi du 27 mars 1851) Tous marchands qui, sans motifs légitimes, auront dans leurs boutiques, magasins, ateliers ou maisons de commerce, ou sur les halles, foires et marchés, des poids ou mesures faux, ou autres appareils inexacts, servant au pesage ou mesurage, seront punis d'une amende de 16 à 25 fr. et de six à dix jours de prison, ou de l'une de ces deux peines seulement.

601. Ceux qui, sans avoir aucun associé, exerceront le commerce sous une raison sociale quelconque, mensongère et frauduleuse, seront punis d'une amende de 100 à 1,000 fr. et d'un emprisonnement de trois mois à un an.

602. (§ 3. de l'article 1er de la même loi, et 423 du C. pénal) Ceux qui auront trompé ou tenté de tromper sur la nature de toutes marchandises, sur le titre des matières d'or ou d'argent, sur la qualité d'une pierre fausse vendue pour fine, ou sur la quantité des choses par eux vendues ou achetées, soit par de faux poids ou de fausses mesures ou tous autres instruments inexacts servant au pesage et mesurage, soit par des manœuvres ou procédés tendant à fausser ces opérations, ou à augmenter frauduleusement avant qu'elles aient lieu, le poids ou le volume des marchandises, soient enfin par des indications frauduleuses tendant à faire croire à un pesage et mesurage antérieurs et exacts.

Seront punis d'une amende qui ne pourra pas être supérieure au quart des restitutions, ni inférieure à 50 fr., et d'un emprisonnement de trois mois à un an.

603. (C. du 27 mars 1851) Dans tous les cas ci-dessus les tribunaux pourront ordonner, aux frais des condamnés, l'affiche et l'insertion dans les journaux, par extrait ou autrement, des jugements de condamnation.

La confiscation des objets dont la possession, l'usage ou la vente constitue le délit, sera toujours prononcée.

§ 2. FRAUDES ET TROMPERIES DANS LE COMMERCE DES DENRÉES ALIMENTAIRES ET MÉDICAMENTEUSES.

604. (§. 3 et 4. de l'article 3 de la lol du 27 mars 1851) Ceux qui auront dans quelqu'un des lieux désignés dans l'article 600, des substances ou denrées alimentaires ou médicamenteuses qu'ils sauront être falsifiées ou corrompues, seront punis des peines portées par cet article.

Si les substances et denrées falsifiées ou corrompues étaient nuisibles à la santé, l'amende pourra être portée à 50 fr. et l'emprisonnement à quinze jours.

605. (Art 1er de la même loi) Ceux qui falsifieront des denrées ou subsistances alimentaires ou médiacamenteuses destinées à être vendues, ou qui mettront en vente ou vendront de telles substances ou denrées, sachant qu'elles sont falsifiées, ou qu'elles sont corrompues, seront punis de peines prononcées par l'article 602.

606. (2. id. et 318 du C. pénal) Si dans les cas prévus par l'article précédent, les substances et denrées contenaient des mixtions nuisibles à la santé, ou s'il était vendu des boissons falsifiées contenant de telles mixtions, lors même que pour les unes ou pour les autres la falsification nuisible serait connue de l'acheteur ou consommateur, l'amende pourra être portée à 1,000 francs, et l'emprisonnement à deux ans.

607. L'article 603 sera également applicable aux cas prévus dans le présent paragraphe.

Si quelques uns des objets dont la confiscation a été prononcée étaient en tout ou en partie propres, à des usages alimentaires ou médicaux, ou à d'autres quelconques, les tribunaux pourront les mettre à la disposition de l'administration pour être remis par elle à des établissements de bienfaisance.

Dans le cas contraire, ces objets seront détruits, ou répandus selon que le tribunal l'ordonnera, devant le domicile ou l'établissement du condamné, et à ses frais.

§ 3. DISPOSITIONS PARTICULIÈRES AUX FOURNISSEURS DE LA MARINE ET DE LA GUERRE.

608. (431 et 433 du C. pénal) Tous individus chargés personnellement ou comme membres de compagnies, de fournitures, entreprises ou régies pour le compte des armées de terre ou de mer, qui auront fraudé sur la nature, la qualité ou la quantité des choses fournies, ou des mains d'œuvre et travaux, ou retardé par négligence les livraisons et les travaux, seront, lors même que le service n'aurait pas manqué, punis d'une amende qui ne pourra être supérieure au quart des dommages intérêts, ni inférieure à 100 fr., et d'un emprisonnement de six mois à quatre ans.

609. (430 et 432 id) Les mêmes individus et leurs agents qui auront fait manqué le service dont ils étaient chargés, sans pouvoir justifier d'obstacles de force majeure, seront punis de la même amende et de la réclusion.

610. (433) Dans tous les cas ils ne pourront être poursuivis que sur la dénonciation du gouvernement.

§ 4. BANQUEROUTE, ET AUTRES DÉLITS OU CRIMES COMMIS DANS LES FAILLITES PAR D'AUTRES QUE LES FAILLIS.

611. (586 du C. de commerce) Tout commerçant pourra être poursuivi comme banqueroutier simple et déclaré tel,—si dans les trois jours de la cessation de ses paiements il n'a pas fait au greffe la déclaration exigée par l'article 418, ou si cette déclaration ne contient pas les noms de tous ses associés solidaires;—si, sans empêchement légitime, il ne s'est pas présenté en personne aux syndics dans les cas et les délais fixés, ou si après avoir obtenu un sauf-conduit, il ne s'est pas présenté en justice :—s'il n'a pas tenu de livres ou fait exactement inventaire, si ses livres ou inventaires sont incomplets ou irrégulièrement tenus, ou s'ils n'offrent pas sa véritable situation active et passive, même sans qu'il y ait fraude, —s'il résulte de ses livres, ou s'il est prouvé de toute autre manière, que sans avoir reçu des valeurs en échange, il a contracté, pour le compte d'autrui, des engagements trop considérables, eu égard à sa situation au moment où il les a contractés; — s'il est de nouveau déclaré en faillite sans avoir satisfait aux obligations d'un précédent concordat.

612. (585 id.) Sera poursuivi et puni comme banqueroutier simple, tout commerçant failli qui se trouvera dans un des cas suivants : — si ses dépenses personnelles ou celles de sa maison sont jugées excessives : — s'il a consommé de fortes sommes, soit à des opérations de jeu ou de pur hasard, soit à des opérations fictives de bourse ou sur les marchandises— si dans l'intention de retarder sa faillite, il a fait des achats pour revendre au-dessous du cours, ou si, dans la même intention, il s'est livré à des emprunts, circulations d'effets ou autres moyens ruineux de se procurer des fonds ; — si, après la cessation de ses paiements, il a payé un ou plusieurs créanciers au préjudice de la masse.

613. (402 du C. pénal.) Les banqueroutiers simples seront punis d'un emprisonnement d'un mois à un an.

614. (591 du C. de c. et 402 du C. pénal.) Tout commerçant failli qui aura soustrait ses livres, dissimulé ou détourné une partie de son actif, ou se sera frauduleusement, dans son bilan, ses écritures, ou des actes quelconques, reconnu débiteur de sommes qu'il ne doit pas, sera déclaré banqueroutier frauduleux et condamné aux travaux forcés à temps.

615. (593 du C. de C.) Tout individu qui, faisant le commerce sous le nom d'autrui, ou sous un nom supposé, se sera rendu coupable des faits prévus par l'article précédent —ou qui aura frauduleusement présenté et affirmé dans la faillite, soit en son nom, soit par interposition de personnes, des créances supposées,—ou qui, dans l'intérêt du failli, aura soustrait, recélé ou dissimulé tout ou partie de ses biens-meubles ou immeubles, sans préjudice des cas de complicité, sera puni de la même peine.

646. (594) Le conjoint, les descendants ou ascendants du failli et ses alliés aux mêmes degrés, qui auraient détourné, diverti ou recelé des objets appartenant à la faillite, sans avoir agi de complicité avec le failli, seront punis des peines du vol.

617. (597 et 598 id.) Tout créancier qui aura stipulé, soit avec le failli, soit avec toutes autres personnes, des avantages particuliers à raison de son vote dans les délibérations de la faillite, ou qui aura fait un traité particulier duquel résulterait en sa faveur un avantage particulier à la charge de l'actif du failli, sera puni d'une amende qui ne pourra excéder 2,000 francs, et d'un emprisonnement qui ne pourra excéder un an.

L'emprisonnement pourra être élevé à deux ans, si ce créancier était syndic de la faillite.

Les conventions seront en outre déclarées nulles, même à l'égard du failli, et les sommes ou valeurs induement perçues par le créancier seront rapportées à qui de droit.

618. (596 id.) Tout syndic qui se sera rendu coupable de malversation dans sa gestion, sera puni d'une amende de 100 fr. à 1,000 fr., et d'un emprisonnement de deux mois à deux ans. Il pourra, de plus, être interdit des droits civils pendant une durée de cinq à dix ans.

SECTION 2. — Dispositions relatives a l'industrie.

§ 1er. Infractions aux devoirs des maîtres et des ouvriers.

619. (8 de la loi du 7 mars 1840) Les fabricants qui contreviendront aux mesures prescrites, soit par le présent Code, soit par des règlements d'administration publique, pour régler les bases de la fixation du salaire des ouvriers travaillant à façon, seront punis d'une amende de 11 à 15 fr. pour autant

de contraventions qu'ils auront commises, et du maximum de cette amende, si ces contraventions étaient réitérées, après une première condamnation.

620. (12 de la loi du 22 mars 1841) Toute contravention par les propriétaires et exploitants d'établissements industriels, aux lois et règlements sur le travail des enfants dans les manufactures, sera punie d'une amende de 11 à 15 fr.

Celles résultant, soit de l'admission d'enfants au-dessous de l'âge fixé, soit de l'excès de travail qui leur serait imposé, donneront lieu à autant d'amendes qu'il y aura d'enfants induement admis ou employés, sans qu'elles puissent s'élever au-dessus de 200 fr.

En cas de récidive, les amendes seront élevées de 16 à 100 fr. pour chaque enfant induement admis ou employé, sans qu'elles puissent cependant excéder ensemble la somme de 500 fr.

621. (20 de la loi du 28 février 1851.) Toutes contraventions aux dispositions des articles 53, 54, 58 et 59 du présent Code sur l'apprentissage, seront punies d'une amende de 5 à 15 fr., et pourront l'être, en cas de récidive, d'un emprisonnement de cinq jours, pour celles aux articles 54, 58 et 59, et de quinze jours à trois mois, pour celles à l'article 53.

622. (Loi du 27 novembre 1849. Toute coalition entre les maîtres et patrons pour forcer l'abaissement des salaires, ou entre les ouvriers pour faire cesser en même temps le travail, pour l'interdire dans un atelier, pour empêcher de s'y rendre avant ou après certaines heures, et en géneral pour suspendre, empêcher ou enchérir les travaux; tout concert entre les directeurs d'ateliers, entrepreneurs d'ouvrages et ouvriers, à l'effet de prononcer, soit entre eux, soit les uns contre les autres, des amendes autres que celles qui ont pour objet la discipline intérieure de l'atelier, ou des défenses, interdictions ou prescriptions quelconques, sous le nom de *damnations* ou toute autre qualification que ce puisse être,

Seront, s'il y a eu tentative ou commencement d'exécution, punis d'une amende de 16 à 3,000 fr., et d'un emprisonnement de six jours à trois mois.

L'emprisonnement sera élevé de deux à quatre ans contre les chefs et moteurs.

623. (13 de la loi du 22 juin 1854.) Tout ouvrier coupable de s'être fait délivrer un livret sous un faux nom, soit au moyen de faux certificats ou de fausses déclarations, sera puni d'un emprisonnement de trois mois à un an.

624. (12 id.) Tout individu coupable d'avoir fabriqué un faux livret, ou falsifié un livret originairement véritable, ou d'avoir sciemmment fait usage d'un livret faux ou falsifié, sera puni d'un emprisonnement d'un à quatre ans.

[illegible] marchandises.

[illegible] vue de nuire à l'indus- [illegible] en pays étranger des directeurs, [illegible] établissement, sera puni d'une [illegible] et d'un emprisonnement de six mois [illegible]

[illegible] Tout directeur, commis ou ouvrier de fabri- [illegible] les secrets de la fabrique où il est [illegible] résidant en France, sera puni d'une [illegible] fr., et d'un emprisonnement de trois mois [illegible]

[illegible] est faite à une personne quelconque [illegible] l'amende sera de 500 à 2,000 fr., et l'em- [illegible] ans.

[illegible] germinal an XI et du 28 juillet 1824, avec [illegible] Tout fabricant ou commerçant qui se [illegible] ou approprié d'une manière quelcon- [illegible] particulières, les récompenses ou dis- [illegible] les marques de fabriques et les dessins [illegible] première section du titre 2 du présent code, [illegible] apposé ou fait apparaître par addition, retran- [illegible] quelconque sur des objets fabriqués, le [illegible] d'un fabricant ou d'une fabrique, ou [illegible] fabrication, autres que ceux appartenant [illegible] objets ; — tout marchand, commission- [illegible] quelconque qui aura sciemment exposé ou [illegible] circulation des objets sur lesquels auraient eu [illegible] fausses applications et falsifications ci- [illegible] puni d'une amende qui ne pourra être supé- [illegible] des restitutions et dommages-intérêts, ni [illegible] fr., et en outre d'un emprisonnement de trois [illegible]

[illegible] Code pénal, 40 et 41 de la loi du 25 [illegible] produits, et tout emploi de [illegible] par écrit du proprié- [illegible] d'écrits, dessins, peintures, [illegible] imprimés ou gravés, en tout ou en [illegible] droits de propriété des auteurs ; — toute introduction sur le territoire français des mêmes produits, écrits ou procédés contrefaits, ou d'ouvrages qui, après avoir été imprimés en France, l'auraient été induement à l'étranger; — toute distribution, vente, exposition en vente ou détention des mêmes objets, avec connaissance de leur origine illicite et frauduleuse,

Seront considérés comme contrefaçon et punies d'une amende de 100 à 200 fr., et d'un emprisonnement de six mois à un an.

630. (43, du 5 juillet 1844.) Si le contrefacteur de produits ou procédés industriels ou artistiques, est un employé ou ouvrier ayant travaillé dans les établissements ou les ateliers de l'artiste ou du brévelé, ou un individu quelconque qui se sera associé avec lui, l'emprisonnement pourra, contre l'un ou l'autre, être élevé à deux ans.

631. (427, 429 du C. pénal, 49 du 5 juillet 1844.) Les objets reconnus contrefaits, le cas échéant, les instruments et ustensiles destinés à la fabrication, dans tous les cas, l'édition contrefaite, les planches, moules ou matrices des objets contrefaits, seront confisqués, même lorsque les contrefacteurs, vendeurs, distributeurs, introducteurs ou détenteurs seraient personnellement acquittés.

Ils pourront être mis à la disposition de celui au préjudice duquel le délit de contrefaçon aura été commis, pour l'indemniser d'autant du dommage causé, sans préjudice de tous autres dommages-intérêts.

L'affiche et l'insertion dans les journaux, des jugements ou arrêts de condamnation, pourront, dans tous les cas, être ordonnées.

632. (Décret du 28 mars 1852.) Toutes les dispositions ci-dessus seront applicables à la contrefaçon faite en France, d'ouvrages publiés à l'étranger, à la mise en vente à l'intérieur, et à l'expédition à l'étranger des ouvrages contrefaisants.

SECTION 3. — Dispositions relatives aux transports.

—

§ Ier. transports par autre voie que celle de mer.

633. Les entrepreneurs de voitures publiques et autres modes quelconques de transports, qui contreviendraient aux dispositions des lois, décrets ou règlements ayant pour objet la solidité des voitures, leur poids, le mode de leur chargement, et en général tout ce qui intéresse la sûreté des transports, seront punis des diverses peines d'amende et d'emprisonnement prononcés, selon les cas, par ces lois et décrets.

634. (2, de la loi du 15 juillet 1845.) Toute contravention aux décrets et règlements d'administration publique sur la police, la sûreté et l'exploitation des chemins de fer, et aux arrêtés pris par les préfets, sous l'approbation du ministre des travaux publics, pour l'exécution de ces décrets et règlements, sera punie d'une amende de 16 à 3,000 fr., et, en cas de récidive dans l'année, l'amende sera portée au double, et le tribunal pourra, en outre, prononcer un emprisonnement de trois jours à un mois.

635. (20, id.) Tout mécanicien ou conducteur garde-frein qui aura abandonné son poste pendant la marche dn convoi auquel il est préposé, sera puni d'un emprisonnement de six mois à deux ans.

636. (387 du C. pénal.) Tout batelier, voiturier ou agent de transport quelconque, par autre voie que celle de mer, qui aurait altéré des vins ou autres liquides dont le transport lui est confié, sera puni d'une amende de 16 à 100 fr., et d'un emprisonnement d'un mois à un an.

Si l'altération avait eu lieu à l'aide de mélange de substances malfaisantes, la peine serait la réclusion.

537. (Id.) Sera également puni de la réclusion, celui des individus dénommés au précédent article, qui aurait soustrait frauduleusement, d'une manière quelconque, même pour les appliquer à sa consommation personnelle, tout ou partie des objets du transport desquels il est chargé.

§ 2. TRANSPORTS PAR MER.

638 (150 de la loi du 27 avril 1825). Toute soustraction frauduleuse d'objets quelconques, toute altération quelconque de marchandises ou de vivres, commises à bord d'un navire par le capitaine, patron, ou autres gens de l'équipage, et même par des passagers, sera puni de la réclusion.

639 (14 id.) Tout capitaine, maître ou patron qui, avec une intention frauduleuse, se sera rendu coupable d'un ou plusieurs des faits énoncés en l'art 130 du présent code; — ou vendra, hors le cas prévu par l'article 131, le navire à lui confié; — ou qui, hors le cas de péril imminent, aura déchargé des marchandises, avant d'en avoir fait son rapport, — sera puni de la même peine.

640 (13 id.) Tout capitaine, maître ou patron qui volontairement et dans l'intention de commettre ou de couvrir une fraude au préjudice des propriétaires, armateurs, chargeurs, facteurs, assureurs ou autres intéressés, jettera à la mer ou détruira sans nécessité tout ou partie du chargement, des vivres ou des effets de bord, — ou fera fausse route, — ou

donnera lieu soit à la confiscation du bâtiment, soit à celle de tout ou partie de la cargaison — sera puni des travaux forcés à temps.

641 (12 et 11 id.) Tout capitaine, maître ou patron chargé de la conduite d'un bâtiment de commerce, qui par fraude le détournerait à son profit, sera puni des travaux forcés à perpétuité.

Celui qui, volontairement et dans une intention frauduleuse, ferait périr le bâtiment par des moyens quelconques, sera puni de mort.

SECTION 4. — Dispositions relatives aux bourses de commerce, et aux agents de change et courtiers.

—

§ 1er. Bourses de commerce et opérations de bourse.

642. (3 et 5 de l'arrêté du 27 prairial an x). Toute contravention aux lois et règlements — qui interdisent de confier les négociations de vente et d'achat à d'autres que les agents de change et courtiers,—ou qui prohibent toute réunion et assemblée pour faire des négociations ailleurs qu'à la Bourse, et à d'autres heures que celles fixées par l'autorité, sera punie d'une amende de 1,500 à 3000 francs.

643. (13 de la loi du 15 juillet 1845). Toute publication quelconque de la valeur d'actions de compagnies, ou d'entreprises dont l'existence ou l'adjudication est soumise à l'autorisation ou à l'homologation du gouvernement, faite avant que ces autorisation ou homologation aient été obtenues, sera punie d'une amende de 500 à 3000 fr.

644. 421, 422 du C. pénal) Toute convention de vendre ou de livrer des effets publics, des valeurs commerciales ou industrielles quelconques, et même des marchandises, dont il serait prouvé que le vendeur n'avait pas la possession ou la disposition au moment de la vente, et ne pouvait ou ne devait pas les avoir au moment de la livraison, constitue un pari sur la hausse et la baisse, et sera punie comme tel, d'une amende de 500 à 10,000 fr., et d'un emprisonnement de 1 mois à 1 an.

§ II. Agents de change et courtiers.

645. (31 de la loi du 15 juillet 1845) Tout agent de change qui, avant la constitution régulière d'une société anonyme quelconque, se sera prêté à des négociations de récépissés ou promesses d'actions, sera puni d'une amende de 500 à 3000 francs.

646 (18 de l'arrêté du 27 prairial, an 10.) Tous agents de change et courtiers qui négocieraient des billets de commerce ou autres valeurs, ou vendraient des marchandises provenant de personnes dont la faillite serait connue, — ou qui contreviendraient à l'interdiction qui leur est faite de toute immixtion dans des opérations commerciales à autre titre que celui de simple intermédiaire,—seront punis de la même peine.

647 (404 du C. pénal) Tous agents de change et courtiers qui tomberaient en faillite, seront, pour ce seul fait, punis des travaux forcés à temps.

S'ils s'étaient rendus coupables de quelque fait constituant la banqueroute frauduleuse, aux termes de l'article 614, ils seront condamnés aux travaux forcés à perpétuité.

Disposition finale.

648. (1) Les commerçants et les matières commerciales seront, au besoin, régis par les dispositions du Code civil, du Code de procédure et du Code pénal, dans tous les cas ou il n'y est pas fait exception ou dérogation, par des dispositions spéciales du présent code.

(1) En écrivant ce chiffre, qui est aussi celui du dernier article du Code de commerce, je considère comme nécessaire de dire que cette coïncidence singulière est purement fortuite.

AMIENS, IMP. DE E. YVERT.

www.ingramcontent.com/pod-product-compliance
Ingram Content Group UK Ltd.
Pitfield, Milton Keynes, MK11 3LW, UK
UKHW021057200726
13857UKWH00003B/965

9 782011 770721